Fritz Stavenhagen

Jürgen Piepers

Leseklassiker

Fritz Stavenhagen

Jürgen Piepers

ISBN/EAN: 9783955630508

Auflage: 1

Erscheinungsjahr: 2013

Erscheinungsort: Bremen, Deutschland

Jürgen Piepers

Niederdeutsches Volksstück in 5 Akten

von

Fritz Stavenhagen

Hamburg
Im Gutenberg-Verlag Dr. Ernst Schultze
1905

Mutter.

Wenn abends in 'e Schummerstun'
Du von Dien Kindheit lieg bericht't
Ut 't Dörp manch wunnerlich Geschicht
Un, dröhmend halw, uns Leider sung':
Denn is mi 't deip int Hart rindrung',
Het to dit Wark sick sacht verdicht't. —

Un wenn't int lude Leben kein versteiht —? --
Uns' is dat Wark! Uns' is de Freid'!

Hamburg, Januar 1901.

Fritz.

Perſonen:

Jürgen Piepers, reicher Bauer.
Stine   „   ſeine Frau.
Johann   „   beider Sohn.
Atke Werner, Pflegetochter der Piepers, eine Waiſe.
Seraphine Schönerfen.
Johann Agrim, Halbbauer und Meier.
Chriſtoph Fleck, Inſpektor bei Piepers.
Karl Block, Hofgänger.
Wirtin Kathrin.
Ein alter Bauer (Meuten).
Hinrich, junger Bauer.
Goldwiſch, Verwandter Agrims.
Dritter und vierter Bauer.
Polizift und Gemeindediener.
Bauern, Bäuerinnen, Mägde und Knechte.

Kinderchor, Kinder im Hochzeitszug und Muſikanten.

Das Stück ſpielt Ende der ſiebziger Jahre in einem kürzlich
zur Kleinſtadt erhobenem großen Bauerndorfe Mecklenburgs.

Links und rechts vom Zuſchauer.

———

Erster Akt.

Leutestube.

(Großes tiefes Gemach; links und rechts je eine Thür. An der Hinter=
wand vier Fach breite Fenster, darunter in der ganzen Länge eine
Holzbank. In der Mitte alte derbe Bauernmöbel. Auf dem Tische
ein angeschnittenes großes Brot und dickbauchiger irdener Wasserkrug.
In der einen Ecke ein Haufen Kartoffeln. Überall Strohhalme und
besonders trockenes Laub.
Es ist kurz nach sechs Uhr morgens; anfang Oktober. Licht dringt von
draußen herein, wenngleich die Herbstnebel die Sonne nur matt auf=
kommen lassen. Einige Fenster stehen offen, ebenso beide Thüren.)

Fleck
(ruft einem abgehenden Arbeiter nach).

Nimm man den Juckhaken achter de Schün
un spann de oll Stut' mit den Bleßwallach to=
sam'n.

(Er sieht nach den Kartoffeln.)

Johann Piepers
(von rechts eintretend; schüttelt sich).

'N Morgen! — Brr! es wird doch schon kalt
morgens.

1*

Fleck.

Ja, 'n bitten frisch, dat makt de Nebel.

Johann.

Na, ist alles in Ordnung?

Fleck.

Jowoll! — Aber wat sall denn hier mit de Kartüffeln warb'n?

Johann.

Das sind drei Arten untereinander. Da lassen Sie heute nachmittag einen beigehn, daß er sie sortiert. — Ich begreif' garnicht, der die im Frühjahr gelegt hat, muß ja total besoffen gewesen sein. Rote Schweinskartoffeln, Schneeflocken und lange Eierkartoffel alle durcheinander. — Daß mir die nicht so in den Keller gebracht werden!

Fleck.

Nee, dor will ick all för uppassen.

Johann.

Wieviel Leute sind denn heute beim Kartoffel= aufsammeln?

Fleck.

Son'n ein= — oder tweiundtwintig.

Johann.

Oder? — Was heißt das?

Fleck.

Wiel ick nich genau weit, ob Korl Block dorbie is, ober ob he rumsüpt.

Johann.

Da wird man sich selbstverständlich schleunigst erkundigen. — Nu los! nicht erst umsehn!

Fleck.

Ja — — — Ja — — — hm (ab).

(Johann sammelt Kartoffel heraus, der Thür rechts den Rücken zuwendend, Rike Werner tritt rechts ein. Sie geht leise zu ihm, stößt ihn in den Nacken und fährt dann lachend zurück. Wie Johann sich erheben will, drückt sie ihn nieder, daß er auf den Boden zu sitzen kommt.)

Johann.

Du —! — laß mich nicht wütend werden!

Rike

(drückt sein Gesicht in ihren Schoß, beugt sich über ihn; lachend).

Werd' doch wütend! — Glaubst ich bin bang' vor Dir? Ha! nich 'n Happen!

Johann.

So von hinten kommen ist feige.

Rike.

Nichts ist feige! — garnichts — garnichts
— garnichts! — (Sie küßt ihn jedesmal.) Du —!
Du Lumpsack — Du! —

Johann
(sich frei machend).

Laß mich bloß erst hochkommen!

Rike
(lachend).

Komm doch! — komm doch! Du hast ja
doch bloß Angst vor mir.

Johann.

Da soll doch der Teufel Strümpfe stopfen!
(Er braucht Gewalt, hebt sie ein Stückchen mit; sie läßt ihn und
will forteilen. Er hascht sie und trägt sie auf den Tisch.) So! —
Nu falte Deine bösen Hände und thu in aller
Form Abbitte.

Rike.

Ha! Fällt mir garnicht ein. (Sie legt die Hände
auf den Rücken und schlenkert mit den Beinen.)

Johann.

Her die Hand! — Die andre auch! — (Er
legt ihre Hände zusammen.) — So, nun sprich ordlich
nach: Lieber guter Johann . . .

Rike.

— Oller garstiger Johann! (Sie greift in seine Haare.) Entsetzlich klobiger Mensch! (Lacht.)

Johann.

Hallo! — falsch! — falsch! — (Er nimmt sie in die Arme, läßt sie, drückt sie auf den Tisch nieder.) Wer ist Dein klobiger Mensch? — Willst Du das nochmal sagen?

Rike

— Ach! — Johann! Johann! — Ich glaube, es kommt jemand.

Johann.

Ist ganz egal. — Willst Du jetzt abbitten? — Willst Du? —

Rike,

Ja — ja — (Johann läßt sie frei; wenn sie hochkommt, stößt sie ihn zurück.) Du alter Grobian! — Jetzt geh ich aber nach Mama rauf und — sag': Du hast mich gekniffen. — — Ja, ja — nu kuck mich man an: Du h a s t mich auch gekniffen! — Meine Hand ist noch ganz rot.

Johann.

Bie Gott! dat's trurig! sowat hew'ck mien Lew nich seihn. — Soll ich Dir nicht zuvor Dein

Haar glatt machen? Sonst sagst Du noch, ich
hätt' es in Unordnung gebracht.

Rike.

Das haft Du auch!

Johann
(klappt in die Hände).

Wur 'ck dat nich dacht hew! — Da mach ich
es auch wieder in Ordnung. Komm her. (Er hebt
sie wieder auf den Tisch und setzt sich daneben.) Halt' mal
Deinen dummen Kopf ein bißchen hierüber. So —!
(Er macht ihr Haar auf.)

Rike.

Aber ordlich machen. — Hast Du denn 'n
Kamm?

Johann.

Den trag' ich immer bei mir. (Er hält ihr die
Hand hin.) Sieh hier: fünf starke Zähne! (Er fährt
mit den Fingern durchs Haar.)

Rike.

Au! Du ziehst ja so.

Johann.

Das wirst Du gleich gewohnt werden. — Es
soll mich nicht wundern, wenn Seraph gleich an=
kommt.

Nike.

Ach wo! so früh?

Johann.

Sie wollte nach Wangerow rüber reiten, was zu besorgen, und da sollte ich mit.

Nike.

Aber warum bist Du denn nicht hingeritten? — Erst versprichst Du so etwas! — — Das find' ich schlecht von Dir.

Johann
(biegt ihren Kopf hintenüber).

Sagst Du das nochmal, laß ich Dich mit dem Zottelkopf laufen. — (Er nimmt sie in die Arme und küßt ihre Augen.)

Nike.

Hübsch kannst Du es doch auch nicht nennen? — Papa wird das garnicht recht sein. — Ich glaube, er hofft von ihr einmal das Stück Acker bis zum Anlieschhügel. Dann haben wir am meisten Land.

Johann.

Einen Zweck hat Vaters Freundlichkeit zu Seraphine schon; vielleicht soll sie ihren Alten rum=schnacken. — Ich erinnere mich noch als Knabe:

da machte er schon um ihren Vater einen großen
Halbkreis, wie ein scheuer knurrender Hund. —
Der läßt lieber Unkraut auf seinen Riesenfeldern
wuchern, als auch nur eine Rute zu verkaufen.
Bei einem Rittergutsbesitzer muß es heißen: ich
habe so und soviel tausend Ruten! Was drauf
wächst ist ganz gleich.

Nike.

— Vielleicht verkauft sie es später, oder ihr
Mann, wenn sie einmal verheiratet ist.

Johann.

Und wenn das gerade so ein dickstolzer ist?
— der wird auch nichts verkaufen. — Rundum
sind Vaters Äcker von seinem Land eingeschlossen.
— Als Rittergutsbesitzer haben diese Herren
darauf zu sehen, daß ein einfacher Bauer nicht
mehr Land kriegt, als sie. — — — Ist es so gut?

Nike
(richtet sich auf).

Ja — laß nur — aufstecken kann ich es
mir selber. — — Was Seraph wohl dazu sagt
— wenn — wenn — Du ihr das sagst?

Johann.

Was?

Rike.

Frag' doch nicht so dumm. — (Sie ist mit dem Haar fertig, umfaßt ihn.) Du weißt doch!

Johann.

Nicht die Bohne!

Rike.

Johann! — ich werd' Dir im Ernst böse! — Ich mein' — mit uns ...

Johann.

— Etwa — daß wir uns gehau'n haben?

Rike
(seufzt).

Ach son'n Esel! — (Schreit ihm ins Ohr.) Daß wir uns verloben! — — Weißt es nu? —

Johann.

Wenn Du das sagst.

Rike.

Oder — oder willst Du nicht? (Dreht ihm den Rücken zu.)

Johann
(wie über eine schwere Sache nachdenkend).

— Also verloben. -— Hm! — Das meintest

Du doch? — Jä! das kann man nicht so in den
Backofen schieben ...

Rike
(ist ans Fenster getreten. Schnell).

Johann! der Vater kommt auf den Hof. Ich
muß weg ... (Will gehen.)

Johann
(hält und umfaßt sie).

Kein Angst! mien lütt Riking. — Der Vater
geht doch erst in den Stall. — Aber fürchtest
Du Dich denn wirklich so? Du zitterst ja.

Rike.

Ich habe so furchtbare Angst. — Wenn nun
der Vater nicht will? —

Johann
(läßt sie; lächelnd).

Ach Du Wenn=Liese! Da pack' ich meine
Sachen, und Dich obendrauf. Eine Inspektor=
stelle find' ich überall. — Dann zieh'n wir mit
einem beladenen Esel vom heiligen Ort.

Rike.

— Was wird aber Mama dazu sagen? —
Ihr ist garnicht recht wohl, hat schlecht geschlafen
und doch will sie heute aufsteh'n.

Johann.

Die mußt Du mir recht in acht nehmen, Rike! — Hätteſt Du mir nicht von ihrer Krankheit geſchrieben, ich wäre noch nicht zurückgekommen. Eine Aufregung wirft ſie nieder — und nun eben, daß ſie ſich etwas erholt.

Rike.

Davor iſt mir ja grad' ſo bange. — Und wenn es nun zwiſchen Euch zum Streit kommt?

Johann.

Ich werde nicht ſtreiten. Ich ſage: das mach' ich! und damit gut.

Rike.

So leicht giebt Papa nicht nach. Er ſagt ja immer: Du ſollſt mal reich heiraten. — Und ich — was bin ich — —

Johann.

Ein dummes Angſtkind biſt Du! Aber Gott ſei Dank bin ich ſo dumm und will Dich doch. Solche Sorte Leutchen finden ſich im Dunkeln. — Nichtwahr? Bie ſtickenhimmelbalkendüſtern? (küßt ſie.) — Haha! Ich und reich heiraten! Und dazu eine Drehpuppe etwa wie Seraphine. Wenn die mit einem Heubaum unterm Arm durch die Gasse geht, schlägt sie zu beiden Seiten die Scheiben ein. (Beide lachen.) — Die würd' sich ja nicht mal prügeln lassen. — Und Du —?

Nike.

— Ich — na ja — ab und zu mal, das frischt die Liebe auf. — Aber Du thust es ja doch nicht. (Sie küßt ihn lange; streicht über sein Haar.) — — Du hättest doch eigentlich mitreiten müssen.

Johann.

Da sollte ich um fünf Uhr aus dem warmen Bett in den kalten Nebel? — Ich war ja so müde... Weißt Du, was ich wieder geträumt hatte?... (Er sieht ihr eine ganze Weile stumm in die Augen. Nike lächelt schließlich und drückt die Augen gegen seine Schulter. Er drückt sie fest an sich und küßt leidenschaftlich ihre Wange.)

Nike
(richtet sich endlich auf).

Du bist aber eine Menge stärker geworden.

Johann.

Und Du eine Menge hübscher.

Nike.

Ach — damals war ich ja noch ein Kind —

eben dreizehn Jahre; ich mußte grad' zum erstenmal zur Pastor-Stunde. — Ein Jahr war ich beinah bei Euch; da hatt' ich Vater und Mutter, eine gute, liebe Mutter, und — 'n Bruder. — Der war zwar 'n bißchen groß und klotzig, aber ich hatt' ihn doch schon lieb. So ganz, ganz tief saß es damals. — Als ich dann in Rostock war, um „feine Bildung" zu lernen, da hab' ich manchmal abends, wenn ich so ganz allein war, bei mir gedacht: wenn er nun wiederkommt, so ganz plötzlich und ... ist ein recht hübscher forscher Kerl geworden ... dann ... (schmiegt sich an ihn) ... dann ... willst ihn aber küssen — (lacht; küßt ihn).

Johann
(lachend; küßt sie wieder.)

— Und dann hat er so lange auf sich warten lassen: sieben Jahre auf landwirtschaftlichen Hochschulen rumzubummeln, das ist noch nicht dagewesen. — Ich hab mich aber auch ausgetobt. — Du! — Du kriegst ein' bösen Kerl.

Nile
(greift mit beiden Händen in sein Haar; schüttelt ihn).

Das weiß ich; aber ich will ihn schon kriegen! Ich fürcht' mich aber auch gar nicht! (Sie legt beide Arme um seinen Hals.) — Ach, Du bist doch ein

zu lieber Kloß — Du! — Du! (Sie küßt ihn lange
und innigst. — Fahren plötzlich auseinander, als sie Seraphinens
Stimme hören.)

Seraphine
(hinter der Szene).

Guten Morgen, Piepers! Wo ist Johann?
— Dieser Bengel . . .

Johann.

Da haben wir die Bescherung. — Bengel
sagt sie, läßt Du Dir das gefallen?

Rike
(ist ans Fenster geeilt).

Wahrhaftig! — Sie erzählt Vater schon alles;
nu kannst Dir aber was besinnen! (Nickt, ruft lachend
hinaus.) Ja, hier ist er.

Johann.

Pfui! Du kannst einen ehrlichen Menschen
verraten?!

Rike.

Warum hast Du mich erst gekniffen! (Eilt
lachend zur Thür.)

Seraphine
(in der Thür; mustert Johann).

Also hier versteckt! (Geht forsch auf ihn zu; streng.)
Warum sind Sie nicht gekommen?!

Johann
(mit komischer Verbeugung).

Fühle mich schuldgebeugt. Bitte gnädigstes
Fräulein unterthänigst . . .

Seraphine
(tritt einen Schritt zurück; unterbricht).

Haben wir uns denn gestritten? — Ich bin
gewohnt nur dann „gnädiges" Fräulein von
Ihnen zu hören.

Johann.

Noch nicht; aber ich dachte es soll losgehen.

Seraphine.

Sie brauchen nur zu sagen, daß und warum
Sie nicht wollen; dann ist alles glatt.

Nike.

Ach er geht ja doch mit. Mußt ihm bloß
versprechen, daß er unterwegs eine Dampfmaschine
sieht, dann reitet er meilenweit.

Seraphine.

Guten Morgen, Nike. (Sie reichen sich die Hände.)
Wie unrecht; gestern hat er es ganz fest ver=
sprochen.

Nile
(zupft Seraphinens Schlips zurecht).

Weißt, Du versprichst, ihm einen zwölf=
schartigen Dampfpflug in Thätigkeit zu zeigen.
Wenn es dann nachher auch nicht wahr ist; er
macht's ja auch so.

Johann.

Wenn erst zwei Weiber die Köpfe zusammen=
stecken, ist der Mann verloren. (Er sammelt wieder
Kartoffeln aus.) — Hab' übrigens viel zu thun —
und absolut keine Lust.

Nile.

Da will ich ihm mal gleich Lust machen.
(Sie nimmt die Reitgerte.)

Seraphine
(hält sie zurück).

Laß doch den Trotzkopf. Komm, dann will
ich man losreiten.

Jürgen Piepers
(tritt von rechts auf).

Jan ritt mit, Fröd'l; teuben S' man noch
'n beeten. Ihr Pierd hew 'ck 'n beeten in 'ne
Box stellt.

Seraphine.

Setzen Sie ihm mal den Kopf zurecht. — Ich weiß garnicht, was ihm auf einmal einfällt?

Piepers.

Nehmen S' em dat man nich öbel; be Jung is 'n Happen hartköppig, aber got is he! un versteiht sien Fach. — Gewiß rittst Du mit, dat schickt sick doch all nich anners.

Nike.

Zu, Johann!

Johann.

Ich hab' keine Zeit! Wir sitzen in Arbeit.

Piepers.

Mien Söhn het Tied! För be Arbeit paß ick up! hüt sowoll wie fröher. (Er geht zur Thür links.) He kummt mit; ick will satteln ...

Johann
(hält ihn zurück).

Laß, Vater! Es geht doch nicht. — Das Matingal ist zerrissen und die eine Öse der Kandare vom Kinnkettenhaken ganz dünn gescheuert. Da kann mal was passieren — — eine andere haben wir ja doch nicht.

2*

Piepers.

Ne, wi brukt ja sünst kein Kandar'.

Seraphine.

Wenn das der Grund Ihrer vornehmen Ab-
lehnung ist. Ich hole Ihnen ...

Johann.

Nein, danke! Bemühen Sie sich nicht.

Rike
(tritt mit dem Fuße auf).

Nu gerade! Du hast es erst versprochen, und
sein Wort muß man halten! — Komm, Phine,
wir holen dem Eigensinn seinen Kram.

Piepers.

Jan ritt mit! Is man alls blind'n Larm;
he hölt sien Wurt!

Seraphine
(lachend).

Hahaha! Wohinaus nun, junger Herr?

Johann.

Ich muß erinnern, daß ich noch immer ...

Rike
(zieht Seraphine mit hinaus).

Komm, wir hören nichts mehr (beide ab).

Piepers.

Du möst 'n bitten fründlicher mit ehr sien; man kann nich weiten, wurtau dat got is. — (Er setzt sich seine Mütze auf.) Du kannst Di wat drop inbild'n, dat 's to Di kummt.

Johann.

Meinetwegen laß sie fortbleiben. — Weißt Du, Vater, ich hätt' ein paar Worte mit Dir zu reden.

Piepers.

Denn man tau.

Johann.

Es betrifft Rike ...

Piepers.

So? Du hest Di doch nich mit ehr gnappt? Se schien mi doch so vergneugt.

Johann
(lachend).

Wirklich? — Ich will sie heiraten.

Piepers
(steht erst einen Augenblick wie getroffen; fährt dann plötzlich auf).

— — Wat?!

Johann
(bestimmt, aber ruhig).

Ich will Rike heiraten!

Piepers.

— — Du wust Rike . . .?!

Johann.

Ja! — Widerstand hab' ich erwartet; so
allerdings nicht! (Er wendet sich zum Gehen.) Du wirst
Dir die Sache überlegen, und dann reden wir
weiter darüber.

Piepers
(ihm ein paar Schritt nach; mit geballten Fäusten).

Jan!! . . .

Johann
(wendet sich; ruhig).

Und . . .?

Piepers
(in Wut).

Du wutt . . .? Du wutt . . .? Du . . .!

(Agrim tritt auf, sieht unschlüssig auf Piepers; will gehen, bleibt
dann an der Thür stehen.)

Johann

Ruh'! Ruh'! Vater. Da ist wer. Steck Dir
eine Pfeife an und überleg' es in Ruhe. — Gob'n'

Morgn, Jochn! Hew ick nich recht? Wie kennt
doch all dat schöne Leed (trällert):

> Und der Bauer, hinter seinem Pfluge,
> An einem heißen Sommertag,
> Weiter thut ihm ja nichts gefallen,
> Als wenn sein Pfeifchen dampft und brennt.

(Trällernd ab.)

Piepers
(in großer Erregung gehend).

— — Hm! — — Hm! — 'tis doch — —
Hm!

Agrim
(tritt zaghaft näher, räuspert sich; endlich laut).

God'n Morgen, Jürdn!

Piepers
(immer auf und ab).

Wat wutt Du denn?!

Agrim.

Ick — wull man mal fragen — ob nich 'n
bitten teuwen kunnst. — — Weißt woll — —
mit de Zinsen.

Piepers
(in fortwährender Erregung über den Auftritt mit Johann).

Wat up 'n Schien steiht, un nich anners!

Agrim.

Jä — dat 's nu man so: — — dat kann
'ck nich.

Piepers.

Denn weißt Du ja Bescheid! — (Schlägt plötzlich
mit der Hand aufs Knie.) — Is doch de Meuglichkeit!
Deeß Jung! —

Agrim.

— — Aber — ick dacht doch — Du häst
't ja nich grad' nödig, un . . .

Piepers.

Dat is mien Sak!

Agrim.

Ja, ja. — Ick dacht' man, Du würst nich
so darop bestahn. — (Er nimmt seine Mütze vom Kopf und
spielt damit.) — Denn — — denn nehmt s' mi
mien Kram weg. — — Ick hew kum hunnert
Dahler. — — Söß (6) Prozent — — Dat
is doch ok 'n bitten — 'n bitten — rieklich.

Piepers.

Wat?! — Denn harst doch annerswo Di wat
leihn kunnt. Glöwst Du, ick smiet söbendusend
Dahler för nichs, man einfach in' Sod? — Du
betahlst! oder ick lat Di utsetten! — Wurveel ist

't denn einglich? (Er geht an den Wandschrank und sucht den Schein hervor.)

Agrim.

Vierhunderttwinbig Dahler.

Piepers.

Vierhunderttwinbig! Achteinstn October! Holl Di borna! (Er geht wieder; immer mit dem Gedanken an Johann.)

Agrim.

Na — denn het 't ja nich hulpen. (Wendet sich zum Gehen.)

Piepers.

Adjüs! — Wat kann Di brükken? — Warst woll noch kriegen — hest ja noch 'n por Dag Tied — —

Agrim.

Hm — dat helpt all nich — (langsam ab).

Piepers

(steht und besieht den Schein, steckt ihn zu sich. — Hinter der Szene lachen Rike und Seraphine plötzlich auf. Rike läuft lachend, die Kandare in der erhobenen Rechten, an den Fenstern vorüber; Seraphine folgt ihr. — Piepers steht, sich besinnend, hebt langsam den Kopf; kriecht förmlich in sich zusammen, erschreckend vor dem eigenen Gedanken. Stiert).

Sult ... Sult woll gahn?? — (Plötzlich kommt Bewegung in ihn; fest.) Ja! (Er eilt Agrim nach, der eben hinaus ist.) Jochn! Jochn! kumm noch mal hier. (Agrim kommt.) Weißt wat?

Agrim
(gedrückt).

Na —? wat denn?

Piepers
(zwingt sich äußerlich zur Ruhe und Freundlichkeit, doch lassen seine hastigen, zuckenden Bewegungen die innere Erregung erkennen).

Möst friegn!

Agrim.

Ah! — Ick un friegn.

Piepers.

Ick rah Di: — frie 'n rieke Burdiern!

Agrim.

Jä — dat 's son 'n Sak — se weit all wie 't mit mi steiht. — Vor Geld — soveel — kriegt kein ein.

Piepers.

Unsinn! — Kein makt sick denn slechter as he is?! — Dien Hoff is doch wat wiert. — Möst man de rechte weiten. — (Sistig.) Kennst uns' Rike? — se is so god as mien Dochter — bie uns so ertrocken . . .

Agrim.

Na — de is för mi denn doch woll — noch 'n bitten — jung . . .

Piepers
(biegt sich vor; in heiserer Erregung, leise).

— Ick segg Di: — De krigt wat mit! — —
De Zinsen tor Utstür ... un ...

Agrim.

Jä — jä — dor möht man doch woll
weiten ...

Piepers.

Ick segg Di: — se kriegt wat ornlichs mit!
— — (Zieht langsam den Schein aus der Tasche.) — —
dissen Schien — — terreten! — (Er macht sich gerade,
wendet sich langsam, steckt dann den Schein ein und geht ruhig an
den Wandschrank rechts.) — Du drinkst 'n Kurn mit?!

Agrim
(hat zu Boden gestarrt; schrickt auf).

Ja — — ja. — Wat ward denn aber ...

Piepers
(kommt mit Glas und Flasche an den Tisch; trinkt zuerst, giebt dann
Agrim ein Glas).

Wi sind einig?!

Agrim
(trinkt und nickt).

Piepers
(schenkt noch mal ein).

Un Sündag ward Ji in de Kirch upbab'n!

Agrim.

So gau?

Piepers
(reicht Agrim wieder das Glas; bestimmt).

Sündag ward Ji upbaden!

Agrim
(trinkt und nickt wie vorhin).

Piepers
(forsch).

Abjüs Joch'n!

Agrim
(langsam gehend).

— Abjüs Jürd'n! — (ab.)

Piepers
(allein).

Jung! Jung! — Söbendusend Dahler! Dien
Eigensinn kost mi 'n Barg Geld! — Dor harw'
all 'n Barg Maschin'n för köpen kunnt! — Na,
't wier ein Deil. Nu ward jawoll god gahn.
(Er ruft nach links aus dem Fenster.) Jan! — Jan! Bevör
Du wegrittst, kumm noch mal rinner. — (Grübelnd.)
— Den Jung möt 'k 'n föstein Dag wegbring'n
— — aber woans ... woans? ... (Blickt auf.) —
Holt stopp — dat wier sowat! — He löpt för
Freid de Wän hoch. —

Johann
(tritt auf).

Hast Dich wohl besonnen?

Piepers
(übertrieben freundlich; legt ihm die Hand auf die Schulter).

Ja. — Un weißt ok wat? — Du saft Maschin'n köp'n! Jerst mal tum braken un hell'n . . .

Johann.

Na nu ward 't rieten! Dat geföllt mi! Hahaha! — Na, un wur ist 't mit Rike? —

Piepers.

Du wist doch nich glieks heiraten. Dat het doch woll 'n viertein Dag Tied?

Johann.

Ja! aber selbstredend, Alter, auch vier Wochen! — Aber Du besinnst Di unnerdeß ok noch so fein?! Dat 's doch noch mal 'n Sak!

Piepers.

Nich soveel up einmal, dat ward sick nahher alls utwiesen. Du sast noch mit Dien olln Vaber tofred'n sien.

Johann.

Dat bin ick ok!

Piepers.

— Möst Di nu nich denken, dat 't so ielig
is. De Flaß möt noch 'n gob viertein Dag
rotten. Du hest also Tied g'nog. Jerst bringst
dat Fröbl nach Wangerow ...

Johann.

Gewiß! jetzt wür ick sogar mit den Dübel
rieben!

Piepers.

Möst Di nich immer so breit utbrücken, dat
schickt sick nich för Di. (Johann lacht.) — Na: Torüch
het s' ja Begleitung. Du rittst glieks nah Rostock
un stellst dat Pierd in Christopper sien Gasthoff ...

Johann.

Wenn es doch Zeit hat, würde ich lieber ganz
nach Magdeburg reiten — gerade jetzt, eine
herrliche Tour. — Und dann mit dem Gedanken,
daß in Deinen alten Kopf sich neue Ideen ein-
geschlichen ...

Piepers.

Ja ... Ji Jungs driewt ein ja so wiet. —
Dann ried ok man ganz hen. Dat Piert sall
aber nich miehr as söß Stun' den Dag gahn —
und denn ornlich Habern, dat he wat in 'n
Knaken het.

Johann.

Das Pferd wird so wenig verhungern wie ich. — — Benzinmotor müssen wir dann auch haben . . .

Piepers
(sich vergessend).

Wat?!

Johann.

Jä, Oller, Handmaschinen sind das nicht.

Piepers.

Köp man, köp man! letst ein' ja doch sehr kein Ruh. Aber letst Di s' iehrst in Gang wiesen; nichs öberielen, Tied g'nog hest ja. (Er geht nach rechts und kommt gleich mit einer Geldtasche zurück.) Hier! — un wenn 't Geld all is, schriew man.

Johann.

Du besinnst Dich unterdes. — So geiht alls sien' Weg. — Is beter in goden . . .

Piepers.

Ja — ja. Nu gah man, kiek, dat Fröbel söcht di all up'n Hoff — gah man.

Johann.

Die hat Zeit. (Ab.)

Piepers

(allein; steht in der Mitte, sieht durch die Thür links auf den Hof).

Wenn 'd de beiden nich tosam krieg, will 'd mi den Hals affsnieden! — (Geht.) — Ick weit nich, de Jung möt jawoll gorkein Beregnung heben. — Dat is doch noch Land! Wenn he dat so kriegt, is he de riekste Bur in ganz Mekelborg. — Aber dat möt so verkam'n — he versteiht nichs un de Inspektorn sind to ful. — Un he wür ja seggen! Ick weet woll, wur he nah mien Dahlers schult. — In fief Johr möst dat doch bleuhn!

(Seraphine und Nike kommen mit Frau Piepers in der Mitte von links.)

Seraphine

(zu Frau Piepers).

Also auch mal eigensinnig. Wie oft hab' ich darum von Ihnen eine derbe Zurechtweisung hören müssen — eigentlich müßt' ich es jetzt mit Ihnen auch so machen, Mutter, wenn — wenn ich Ihnen überhaupt ein böses Wort sagen könnte; ich hab' Sie ja viel zu lieb dazu. (Sie führen Frau Piepers zum Stuhl.) Aber bitten will ich Sie, bitten! — und eine Mutter muß auch einmal den Bitten ihres ungehorsamen Kindes nachgeben —: Schonen Sie sich!

Nike.

Ja, Mutter, ich bitt' auch mit. Und wenn

Du Dich nachher nicht wieder hinlegst, werd' ich
Dir aber ganz gewiß böse. — Denn sag' ich's
zu Johann, daß Du immer vom Tod redest.

Seraphine.

Was sollten denn da Ihre drei Kinder an=
fangen, wenn Sie ... Ach, das ist ja überhaupt
ein dummer Gedanke!

Frau Piepers.

— O, de Gedank'n is nich so dumm. —
Einmal gaht wi ja all; ick bald.

Seraphine.

Pfui! wie kann man so häßlich reden — Sie
sollen noch recht lange bei uns bleiben. Sie
müssen sich schonen, zu Bett legen.

Piepers.

Laten S' nu man, ehr is dat ja g'nog
seggt. Aber hürt s'denn? Nee! — Wenn denn
wat passiert, könt wi nichs daförer. (Er setzt sich
hinten auf die Bank, bald Rike, bald Seraphine musternd.)

Frau Piepers.

Lat mi doch ierst Jan wegrieden seihn, nah=
her will 'ck mi ja giern weder henleggen. — Ji
quält mi ok den ganzen Dag.

Nike
(hält Frau Piepers Hand).

Nein, Mama, kein Mensch soll Dich quälen!
Aber Du mußt uns doch bald wieder besser
werden. Sieh, ich bin so froh! (Sie drückt die
Hand gegen ihre Wange) ... und ...

Johann
(hinter der Szene).

Lert't man nah vörn.

Seraphine.

Da kommt Johann, der wird Ihnen Bescheid
sagen.

Frau Piepers.

Ach, seggt em man nichs.

Johann
(tritt froh links ein; stockt).

Mutter! Du bist doch aufgestanden?! Das
ist aber sehr unrecht!

Frau Piepers.

Na, benn lat mi doch ok mal 'n bitten
Luft snappen. — Nahsten will 'd mi giern
weder hinleggen.

Johann.

Nun ja, ich will's doch auch nur für Dich.

— Du mußt mir versprechen, daß Du Dich ganz ruhig verhalten willst, sonst reit' ich nicht fort; ich will nämlich gleich weiter nach Magdeburg. (Freudig.) Denkt nur: Der Vater hat sich endlich entschlossen, Brakmaschinen anzuschaffen. Ach! und ist's erst das eine, folgt das andre bald.

Frau Piepers.

Dat is god, nu hest doch Dien'n Will'n kregen. — Frei un amüsier Di man, so lang Du jung bist. De Sorgen kamt an Di ok noch ranner.

Johann
(lachend).

Dann faß ich sie beim Schopf und werf' sie zur Thür hinaus, Mutter!

Frau Piepers.

Ja, ja — lat man, dat smit sick nich so licht.

Nike.

Ha! ich helf' ihm, Mama. (Piepers will etwas dagegen sagen, faßt sich aber und schweigt, wiegt den Kopf ungeduldig.)

Seraphine.

Ich auch! Und uns drei soll'n sie man kommen! — Hei, Sie wissen doch noch, Mutter

Piepers, wie oft ich am Weinspalier herunter=
geklettert, wenn mein Vater mich eingesperrt . . .

Frau Piepers.

Und dor har so licht wat passier'n kunt.

Seraphine.

Ich mußte doch zu Ihnen und mir meine
Schelte holen. — Oder mich mit Johann balgen.
(Alle lachen.)

Rike.

Ja, Du bist noch immer son'n Teufel . . .

Piepers
(steht auf; forsch).

San, be Pier staht all lang börn!

Johann.

Na, Mutter, denn halt . . .

Frau Piepers
(aufstehend, von Seraphine gestützt).

Ick gah mit ruter.

Seraphine.

Adjüs auch, Vater Piepers.   (Langsam mit Frau
Piepers hinaus.)

Johann.

Na, Rike klein.

Rike
(reicht ihm die Hand; leise).

Bleib' nicht so lange.

Johann
(schelmisch).

Dann würd'st mich wohl vergessen?

Rike
(schmiegt sich an ihn).

Nein, nie . . .

Piepers
(tritt mit dem Fuß auf).

Mak doch tau, Jan! (Johann faßt Rike um die Hüften
und mit ihr ab.)

Piepers
(allein, kommt nach vorn).

De Diern hangt an em wi 'n oll Klett! —
Blot de Diern weg, denn geiht all's sien' Gang
von sülmst. —

Johann
(hinter der Szene).

Abjö Mutter! Abjö Rike! (Man hört die Stimmen
durcheinander. Zuletzt Seraphine: „Atüs! Abjö!")

Piepers.
Dat De hüt leiber ja seggen deiht as morgen,
dat markt doch 'n Blind'n. — Ick doh 't doch

all man för denn Jung! wenn be blot nich so wederspenstig wier!

(Rike kommt mit der Mutter zurück.)

Frau Piepers.

Wur be to Piert sitt. — Ja, be Diern kann rieb'n. — Ach, son 'n bitten Jugend is doch tau schön! (Beide gehen quer über die Bühne und wollen links ab-gehen).

Piepers
(steht mit sich ringend in der Mitte am Tisch; plötzlich).

Rike!!

Rike.

Ja, Vater . . .

Piepers
(kurz und forsch).

Jochn Agrim wär hier, het um Di anholn Mak Di trecht . . .

Rike
(angstvoll).

Vater! — —

Piepers
(fortfahrend).

Mak Di trecht, segg ick! Morgen fohrst nah de Stadt, dat bi Stin=Tanten Dien Kleeder makt warrn könt . . .

Rike
(in heftigem, thränenlosen Schmerz; klammert sich an die Mutter).

Mutter! —

Frau Piepers
(kurzatmig).

Mann — Du weißt woll garnich, wat Du sprikst?! — Nee, Rike, Du geihst nich!

Piepers
(bestimmt).

Se geiht!!

Frau Piepers
(erregt; heftig zitternd).

Nee! — nee!

Rike
(bricht in Weinen aus, führt die Mutter zum Stuhl).

Mutter! Mutter! — Sei nur ruhig, — bleib bloß ruhig — bitte! Mama — sei ruhig. —

Piepers.

Se geiht! Morgen nah de Stadt, nah Stin= Tanten, oder hüt! Denn sett s' ehr Lew kein Fautschritt weder in mien Dör! — un Jan ok nich.

Frau Piepers.

Wat? — Nee! Du kannst mi nich von mien

Jung tren'n! Nee! Dat kannst Du nich! (Sinkt
weinend in den Lehnsessel.)

Piepers.
Dat will 'ck Di wiesen!

Rike.

Mama, wein' nicht! — Wein' bloß nicht,
Mama! — Johann kommt wieder! glaub' nicht,
was Vater sagt. — Johann muß ja wieder=
kommen! (Sie kniet weinend vor der Mutter.)

Piepers
(dicht an die Knieende heran tretend, beugt sich über sie und redet
haftig und halblaut in sie hinein).

He het in ein weile Stün'n Di sien Wurt
geben — un mien Söhn is 'n Mann, de hölt
sien Wurt (Schnell.) Wenn Du em nich frei makst!
— Du möst em freimaken!! — — As arm
Diern, kein Plün' up 'n Liew, hewt wi Di
upnahmen — Du bist ertrocken, as ob unf' eigen
wierst — an nichs hewt wi Di 't fehlen laten!
— Jetzt warst üm Di 'n Bur ... wie manch ein
Burdirn möt sick mit 'n Knecht begnögen! — —
un Du möst taugriepen! — Nu sall sick 't wiesen,
ob Du 't wert wiehrst, dat wi Di up ertrocken
— Du möst dat Mutter tau Leiw dauhn, von
mi brugst nichs to holln. — — (Immer drängender
werdend.) Dat de beiden tosam bestimmt sind, dat

markt jeder! De hürt tosam! — Toierst wür
he viellicht ganz ornlich mit Die lewen — aber
nahsten, wenn sick dor dröben ierst 'n annern
innist het, denn bist Du em 'n lebende Schand'!
'n bliebendes Teiken von ein'n Oogenblick! jugend=
liche Dummheit! — Wer em dat vörhölt, de het
't nich gob! bi em nich! — Denn ward he bi
't int Gesicht seggen, dat Du em swungen hest!
dat Du em bedragen hest!! — oder — — he
bind't sick 'n Strick um 'e Kehl! — —

Rike
(aufstöhnend).

... Mein Gott! — ich will ja ...
(schluchzt laut.)

Piepers
(erleichtert, ein paar Schritte von ihr wegtretend).

... Ick hew all mit em spraken — Sünbag
ward Ji upbaden — üm viertein Dag is Hochtied
— — Du sast ok nich mit lier'n Händ gahn.
Ick war Di denn all ...

Frau Piepers
(sich mühsam aufrichtend).

Dat ... dat is 'n Schandbaht! — Dat is
'n ...

Piepers.

Ruhig!!

Frau Piepers.

Dat is 'n Schanddaht! — Du rowst mi mien Kinner! — Du stötst mi in 'ne Eer ... (Sinkt zurück.)

Piepers
(in Wut auf sie zu).

Ick segg Di ...!

Nile
(wirft sich dazwischen, umfaßt die Mutter).

Ach still doch, Mutter, sag' nichts mehr! — sag' garnichts mehr! — Es ist ja alles gut, wein' nur nicht mehr! — Ich geh ja — und Johann — Johann bleibt. Vater will ja nur sein Bestes. (Sie zwingt sich zu einem Lächeln, in der Absicht, die Mutter zu beruhigen, aber doch mit einer gewissen Bitterkeit) ... Dann ist ja alles gut ... dann lernst Du auch wieder lachen und wirst ganz wieder gesund. — Ich komm dann auch — jeden Tag ... da hast Du uns alle zusammen ... alle Drei! ... Es ist ja alles gut. — — Nun wein' auch nicht mehr, Mama — hörst Du? — wein' nicht mehr. (Steht auf.) — Komm, leg' Dich wieder ins Bett — Du mußt bald wieder gesund werden ... Komm — es ist ja alles gut ... (Sie hilft der Mutter und führt sie langsam zur Thür links.)

Frau Piepers
(trocknet sich immer von neuem die Augen).

— Ick glöw't nich — Ick glöw't nich . . .

Nike
(bricht von neuem in Thränen aus. Beide ab).

Piepers
(hat nach den anklagenden Worten seiner Frau schwer mit sich gerungen, reißt sich mit plötzlichem Ruck aus der peinlichen Niedergeschlagenheit).

Lat 't hen rieten, wo 't hen brekt! Ick will doch ein Hundsfott sien, wenn 'ck nich um 'n Johr dat Fröb'l ehr Swiegervader!!

Vorhang.

Zweiter Akt.

Schlafzimmer bei Piepers.

In den Ecken rechts und links je ein Bett mit geblümten Vorhängen bis zur Decke reichend. Der Vorhang des rechten Bettes ist ganz zugezogen, der des linken halb geöffnet. An der Hinterwand zwischen beiden Betten ein Fenster, davor Tisch und Stühle. Rechts vorn eine Thür, weiter hinten großer geschnitzter Bauernschrank. Links großer, messingbeschlagener Koffer. Auf dem Tisch Medizingläser, Blumen und blühende Bäume.

Es ist nachmittags gegen 3 Uhr; im Gemach halbdunkel, draußen liegt die blendende Sonne auf allem. Man hört in einiger Entfernung Motor und Brechmaschine arbeiten.

(Die Thür wird leise geöffnet. Johann tritt ein und schleicht auf den Zehenspitzen zu dem Bette links. Er biegt die Vorhänge weiter auseinander, lugt vorsichtig hinein.)

Frau Piepers.

Nu, Jan, wat wiß denn?

Johann.

Ich dachte, Du schliefst. Ich wollte Dich nicht stören. — Wie geht's denn?

Frau Piepers.

Ach — — siet twei Dag kein Aug' tauhatt.

— Denn is mi so schrecklich heit in'n Bett —
ist't mi man so, oder . . .

Johann.

Es ist wirklich so, ganz ungewöhnlich für
November, ein rechter schwüler Sommertag. Kein
Wunder, wenn darauf ein Gewitter folgt. —
Fühlst Du Dich sonst besser?

Frau Piepers.

Von beder kann kein Red' sien. — Mi geiht
dat all immer weder in'n Kopp rümmer . . .
ick glöw nich, dat ick't . . .

Johann.

Mutter! laß Deine Prophezeihungen. Jeder
Mensch ist 'mal krank, warum solltest gerade Du
nicht durchkommen?

Frau Piepers.

Dat seggst Du woll so. — Ick bin sünst nie
krank weest; son'n Lüt' sat't denn up einmal
— — — — — — Sied 'n halw Johr quäl' ick
mi, un mit jeden Dag geiht't barg af . . .

Johann.

Es ist nur Deine Krankheit, daß Du so
schwarz siehst. — Sieh' dies herrliche Wetter,

ein seltner Herbsttag! — Nur ohne Furcht: der
Winter geht vorüber. Dann wird es Frühling,
Sommer! und alles blüht uns wieder ... und
du auch! Ja, Mutter, wir werden uns noch der
neuen Blüten freu'n: wir bleiben ja zusammen!
Ich halt' Dich, führ' Dich! o, ich habe starke
Arme! —

Frau Piepers.

Ja ... ja ... Dat warst aber doch woll ...
Du geihst doch hüt nah Rike rümmer?

Johann.

Hm — ich muß wohl. — Aber thu mir den
einzigen Gefallen und sprich nicht davon. Wenn's
nur schon vorüber wäre! —

Frau Piepers.

— Ick glöw, Du denkst slecht von ehr. —
Se het Die doch giern ...

Johann
(geht forsch auf und ab).

So? Und dann handeln mit dem Gedanken:
ein Sperling in der Hand ist besser als eine
Taube auf dem Dache. — Ich hatte Zeit, und
er sagte: gleich! — Zum mindesten Bauersfrau,
das bedeutet ja für die Mädels besonderes Glück.

Frau Piepers.

Nee, so is't nich! dor stickt wat anners achter
— — von Vader...

Johann.

Und w e n n Vater ihr dies oder das vor=
gehalten, z w i n g e n konnte er sie doch nicht!
Jeder Mensch ist für seine Handlungen selbst
verantwortlich.

Frau Piepers.

Ick wär so in Rabuhs. — Ick weit bloß,
toierst wull s' nich, un nachher segg s': ja, un
gung den selben Dag — Un noch nich einmal
is s' bi mi weest.

Johann.

Du haft sie bitten lassen?

Frau Piepers.

All tweimal, aber se kümmt nich.

Johann.

Sie kam nicht? — in der ganzen Zeit? —
D a s hätt' ich doch nicht geglaubt.

Frau Piepers.

Wer weit! Viellicht liegt wat anners to Grun?

Johann
(ungeduldig).

Ach! nun laß doch, Mutter! Ich denk' ja nicht mehr an die ganze Geschichte. — (Geht; dann mit gezwungener Lebhaftigkeit.) Der Motor arbeitet jetzt wunderbar! (Schnell sprechend.) Du solltest ihn nur seh'n, es ist eine Freude! Das ärgerliche Klappern zuerst kam von dem Splint am Kolben, der saß nicht ordentlich. Ich hab' ihn etwas abgefeilt; jetzt geht der Motor so leicht wie eine Näh= maschine. —

Die Kerle steh'n darum und sperren vor Ent= setzen die Schnauze auf. Soviel, wie die Brech= maschine in einer Stunde schafft, machten sie nicht in einem Tag. — Nun will ich auch recht anfangen mit dem Flachsbauen; sie hören alle nacheinander auf, viele bau'n schon längst keinen mehr; aber mir macht so was Spaß! Der Schönersen baut immer für Eigenbedarf —

Frau Piepers.

— Dat kannst ja ok — Wat seggt denn Fröb'l noch?

Johann.

Dummheiten, wie immer. (Er wird freier, fast froh. — Der Vater kommt herein, geht mit langen Schritten ans Fenster.)

Johann

(seinen Vater nicht beachtend).

Eine Lebenslust steckt in dem Weib, das einen zum lachen bringt, wenn man weinen möchte. Sie hält von Dir mehr, als sie von ihrer Mutter gehalten. — Ich glaube, undankbar könnte die nie gegen Dich sein.

Frau Piepers.

Jeden Dag kömmt s' un erkundigt sick nah mi — un immer bringt s' mi de schönsten Blomen.

Piepers

(kommt nach vorn).

Jan, Du geihst nahsten mit mi röber, bloß dat wi uns mal seihn lat'n.

Johann.

Viel Lust hab' ich nicht, aber es geht wohl nicht anders.

Piepers.

Lust brugst ja ok wieder nich dortau. Bloß, dat se uns mal seiht: wie sind dorweest. Se hürt nu mal so god as to uns, un up einmal trüchtrecken könt wi uns nich.

Frau Piepers.

Ja, Jan, gah man mit rümmer ... Wi möt

immer trachten, alles tum Goben uttolegg'n. —
Se het Di gewiß nich weihbauhn wullt, dat kannst
mi toglöben ... Du kennst se noch nich. — —
Wenn 'k nur nich so slecht wier, let 'k mi hen=
bregen ... Gah Du för mi, Jan: ick gönn' ehr
alles Glück un alles Gob's! — Gah — segg
ehr dat — —

Johann.

Gut — ich will es ihr sagen, vielleicht
kommt sie dann selbst und bedankt sich.

Frau Piepers.

Ja — man to! Ick much s' ok giern mal
as Brut seihn.

Johann.

Dann will ich mich nur fertig machen —
aber erst muß ich den Motor abstellen.

Piepers.

Lat doch lopen.

Johann.

Nein, das darf ich nicht, die Arbeiter wissen
nicht damit Bescheid; es könnte was passieren. (ab.)

Piepers
(mehr für sich; ingrimmig).

He möt mit hen! se is em noch immer nich
ut 'n Kopp.

Frau Piepers.

Warum ok? He het 'n Barg von ehr holn.
Du heſt ſe blot ut 'nanner reten.

Piepers.

Glöwſt denn, mien Jung ſall 'n Find'lſch
friegn? Nee, ſo lang ick lew nich! — Un dat
will 'ck Di ſeggen: Du heſt de Sak bloß ſo ſwer
makt, Du harſt ſ' all lang ut 'n Hus ſmiet'n
möſt. Du heſt 't doch all lang iehr markt, als
ick. — Aber jie Frugenslüt holt toſam as Pick
un Swafel.

Frau Piepers.

Ja — weeß man ſtill — reg' mi man nich
ierſt up — — ick mag all ſo nichs hür'n . . .

Piepers.

Nichs hür'n! — Wenn man juch ſeggen deiht:
dat hew't jie falſch makt, gliek ſind jie krank un
wölt krepier'n. — Harſt Du blot 'n bitten anners
anfat, ſowiet hart nich kam'n brugt.

Frau Piepers.

Verſtahn hew ick Di ja all lang, aber ick
wull nich. — Dank Du Gott, wenn Du unſen
Söhn nich up 'n Gewiſſen kriegſt.

Piepers.

Up 'n Gewissen? Wat quasselst Du Di dor trecht? Will ick nich sien Gaudes? Ist 't nich to sien Furtkam'n? Danken ward he mi 't einmal! — Hüt noch nich, hüt is hei noch to dumm, aber ick seih wieder. — He sall hüt röber, blot üm se in ehr Slechdigkeit to seihn; se denkt garnich miehr an em . . .

Frau Piepers.

Dat lögst Du! De Diern is nich slecht! (Ihr wird das Sprechen merklich schwerer, sie wirft sich öfters vor Aufregung im Bett herum.) De Diern is mien Lew nich slecht . . .

Piepers.

Wat wist Du dorvon weit'n? Jedes Kind up Strat sprikt daröber un Du markst nichs — Joch'n Agrim wull s' nich 'nmal nehmen . . . het schön wat kost —

Frau Piepers
(richtet sich auf).

Wat seggst Du? He is nich kamen un . . . (Helser.) Du hest em se anbad'n?!

Piepers.

Nu warst jawoll dull in ein fief Minut'n.

Frau Piepers.

Nu weit 'ck! (Kreischend.) Rop Jan! dat sall he

weit'n! Rop Jan! (Ruft.) Jan! Jan! (Will uffstehen.)
Jan!

Piepers
(springt herzu).

Sie nich mall! Bliew liggen, Du ver=
käulst Di.

Frau Piepers
(stößt ihn zurück).

Fat mi nich an! (Sie fällt plötzlich hintenüber, ringt
nach Atem.)

Piepers
(geht in großen Schritten auf und ab).

... Nu — stell Di an! — Ick weit 't,
wat 'ck mien Jung schuldig bin! —

Frau Piepers
(schwach).

... Un ... Du — Du hest ok wat makt, dat
Rike nich kommen is ... Du ...

Piepers.

De is kamen! Ick hew s' trüch wiest. Vör
ehr Hochtied sall s' mien Hoff nich betreden!

Frau Piepers
(rafft sich auf).

... Un dat — dat seggst mi so in 't Gesicht?
— Mann, Du bist nich wiert ...

Piepers.

Jä, glöwst denn, dat 'ck vör Di bang bin?

Frau Piepers.

Dat möt Jan weiten! Dat sall he weiten!
— Jan! Jan! (Sie will aufstehen.)

Piepers
(geht zu ihr, drückt sie nieder).

Reg' Di man nich unnütz up.

Frau Piepers.

Lat mi los! — Mann! Du ... Du ... (Ihre
Rechte klammert sich an seinem Rockkragen fest.) ... Jan! Jan!
— Gott, warum hürst denn nich? — Du lat
mi! Du ... Du ... Jan! — —
(Sie kreischt plötzlich auf, fällt zurück und wälzt sich schwer herum. —
Stille.)

Piepers
(steht starr).

— Nanu? ... (Neigt sich herab.) — Stien, wat
hest denn? (Weich.) — Oll Diern, wat fehlt Di?
— Stiening — — Stiening — — Na —
benn slap man ... slap man ... Di stürt kein
Larm miehr. — (Er löst vorsichtig ihre Hand von seinem
Rockkragen.) — Nu gew 't man up, Jürd'n! —
(Er sinkt auf den nächsten Stuhl und starrt immer mit großen
Augen nach dem Bett.) — Kein Hochtied hüt — Trurdag

— — kein Anlieschhögel to Feld — Stien ehrn
Högel up 'n Kirchhoff. — — Nu is 't to Enn
— all mien Wünsch siet soveel Johrn — Wurtau
hew 'ck den Jung nu wat liern laten? — Wurtau
hew 'ck de Dahlers tausam rackt? — — All to
Enn — un üm ein Stün'! — um ein einzig
Stün'. — — Stiening — — 't is doch man
de ein Stün' — — sull 't nich doch gahn? —
Di stürt 't ja nich miehr. — Dat is doch för
unsen Jung — he ward' 't uns danken, wenn
he ierst to Verstand kamen is. (Er steht auf, geht
langsam ans Bett.) — Ein Stün blot — un dat
Fröb'l ward Dien Dochter — wenn s' tosam üm
Di weint, ward s' sick snell einig — (Er zieht die
Vorhänge zu.) — Vielleicht sullt darüm so sien. —
Nu slap man — slap man — Di stürt ja nich
— — (Er geht langsam zur Thür.) — Atüs — ick kam
ja ok — Du bist blot vörut gahn . . . 'tüs,
Stiening . . .

Johann
(tritt ein).

Nun?

Piepers
(leise, brängt ihn hinaus).

Scht! weeß man still. — Eben dat s' 'n bitten
slöpt. — Lat s' man slapen —

Johann.

Frieda meint, Mutter hätt' gerufen.

Piepers
(ihn hastig hinausdrängend).

Ja — ierst. Se wull Di atüs seggen — un Du fust ok mal mit Rike danzen. — Nu lat s' man slapen. — Kumm, kumm man — lat s' man slapen . . . (Beide ab. Man hört ihn draußen die Thür zuschließen.)

Verwandlung.

Gasthof.

Großes tiefes Gemach. Hinten rechts doppelte Glasthür, sonst die ganze Hinterwand fast ein Fenster aus kleinen viereckigen Scheiben. Man sieht auf die Landstraße; im Hintergrund mächtige Eichen. — Links hinten Schenktisch, vorn eine Thür. Rechts und an der Hinterwand Hochzeitstische mit weißen Tüchern bedeckt. Zwischen den Gläsern Blumen, an den Plätzen des jungen Paares zwei besonders große Sträuße.
In der Mitte steht ein einzelner Tisch unbedeckt.

(Die Wirtin macht sich am Schenktisch zu schaffen. Block tritt ein.)

Block.

N' Dag ok, Kathrin.

Wirtin.

N' Dag, Korl Block'n. — Na, wur geiht 't?

Block
(setzt sich rechts an die Hochzeitstafel).

Schenk mi man ierst 'n lütten in, iehr se trüch kamt.

Wirtin.

Mak mi man nich be Dischbeck knautschig.

Block
(legt die Mütze aufs Tischtuch).

Schenk in, schenk in, Kathrin!

Wirtin
(ärgerlich; wirft die Mütze in die Ecke).

Kumm, dat möst nich an Di hebben. Dat is 'n reines Dog. — Sett Di hierhen. (An den unbedeckten Tisch.)

Block
(steht auf).

Na, Kathrin, hew Di man nich so, bist fröher ok mal hübsch weest. — Werker is ben hier weesen un will Di friegen? . . . Du bist ja so kort.

Wirtin.

Du nich?

Block.

Ja! grad' ick! just ben Dag hüt hew ick mi dortau utsöcht. — Ick möcht Di friegen, noch immer — sühst mi dat nich an?

Wirtin

(muſtert ihn von unten bis oben).

— De Händ' harſt Di dortau of waſchen kunt.

Block

(kommt ihr immer näher, thut liebenswürdig).

Ach wat! Sind die Händ' auch ſchwarz, iſt
's Herz doch rein! — Rein un ohne Placken,
Kathrin, — wie Dien ſchön Schort.

Wirtin.

Denn möt 't of bald wuſchen warden.

(Sie dreht die Schürze um, die auf der untern Seite einen großen,
ſchwarzen Fleck zeigt.)

Block.

Dat is ja nich tau ſeihn.

Wirtin.

Bi Di aber!

Block.

— — Na, denn giw mi man mal ein'n,
aber nich ſon'n Lütten — ick will't mal dahl=
ſpeul'n; viellicht helpt.

Wirtin.

Ick gläuw: Du ſuſt dat Speul'n man leiber
nahlaten.

Block.

Meinst — Hm! — — Heft de Rike seihn?
De gung nich mit Freuden. (Singt.)

> Ach wur jammert mi dat Mäken,
> Dat hinner mi steiht,
> Dat hier so mit Thranen
> Nach dat Elend rinner geiht.
> Diribirombiribira,
> Diribirom, biribira ... (Hopst.)

Wirtin.

De arm Diern is ok to bedurn.

Block.

Jawoll, be snaplang 'n Thranen leepen ehr
immer langs be Backen dahl. — (Sieht sie an.) Na,
Kathrin, iehr se kamt, segg, wist nich weder
friegen? — Is doch nichs so allein ...

Wirtin.

Ick holt ut. — Ick bin ok nich mit Freuden
nahn Eh'stand rinner gahn, gläuw mi dat.

Block.

Mit mi wierst dat.

Wirtin
(seufzend).

... Ja — viellicht — wenn Du nich drunken

harst. — Aber jetzt — jetzt supst Du! ... Nee,
Karl, mit uns beiden ...

Blod
(aufbrausend).

Immer wat öber dat drinken un nie wat öber
den Dost! Ji Frug'nslüt sind doch ok kein Heller
wiert!

Wirtin.

Scht! Du, sowiet sind wi noch nich. — Ick
denk' immr in' Stilln, dat Du Di noch mal
ännern ...

Blod
(gleich ruhig; weich).

Na, nee doch; nee — ick mein' doch ok man
bloß 'n. — (Man hört Musik. Dazwischen rufen Kinder:
„Hurrah!") — Nu kamt s' woll all.

(Die Wirtin läuft schnell vor die Thür und sieht nach rechts.)

Blod
sie immer verdächtig ansehend, schleicht zum Schenktisch, nimmt eine
Flasche vom Bort und trinkt). Wenn de Placken dor nich
wegbrennt! (Trinkt wieder, reibt sich den Bauch.) Ah!

(Die Wirtin lacht draußen laut auf. Blod stellt schnell die Flasche
hin, hopst in die Mitte und singt mit der Musik.)

Blod.
Nu het he s' all,
Nu het he s' all!
Kein Deubel kann s' em nehmen!

Wirtin
(kommt herein).

Na, wenn dat man nich noch 'n Gewitter
givt, dat süht all ganz dornah ut. (Sie sieht die
Flasche, blickt auf Block, der sich nichts merken läßt, stellt sie dann
kopfschüttelnd an die rechte Stelle. — Auf der Straße zeigen sich
Kinder, laufen an der Thür vorbei und sehen von draußen in die
Fenster. Der Hochzeitszug schwenkt herein. Voran die Musikanten,
dann zwei etwa 14jährige Mädchen in Weiß, bebändert; jede trägt
einen Korb mit Blumen. Nach ihnen das Brautpaar und die folgen-
den Braut-Diener und -Jungfern, zuletzt die Hochzeitsgäste.)

(Die Brautdiener tragen links an ihrer Mütze jeder einen Blumen-
strauß und auf der linken Schulter ein rotbuntes Taschentuch, das
sie nachher zum Schweißabwischen und zu allerhand Dummheiten
benutzen. Die meisten Männer im Gehrock, oft zu weit oder zu eng;
die jüngeren tragen gestärkte Wäsche, die älteren hellseidene Halstücher.
Zwei ganz alte Bauern in alter Tracht: Langer Rock mit blanken
Knöpfen, enge Kniehosen, Schuhe mit blanken Schnallen, schwarze
Samtmütze, der eine blaue, der andere weiße Strümpfe. Eine alte
Bäuerin in Haube und lilafarbenem Kleide, reich bebändert und mit
Spitzen überladen.

Die Musikanten stellen sich, fortspielend, links neben den Schenktisch;
die andern setzen sich, das Brautpaar rechts an der langen Tafel in
die Mitte.

Die Wirtin füllt allen die Gläser, dem Brautpaar zuerst. Musik
schweigt.)

Agrim
(sich setzend).

Na, denn Kathrin, lat uns mal ein 'n kriegen.
Lang wölt wi uns nich upholn. — Ick glöw wi
kriegt noch wat Nat's.

Wirtin.

Nu, Rike. — Ick gratulier ok.

Rike

(ausweichend).

Danke.

Block

(in der Ecke sitzend, nimmt sein eben gefülltes Glas).

Nu ick, Rike: auf Glück in der Liebe! (Trinkt.)

Wirtin

Mein Gott, teuw doch so lang. (Sie füllt es wieder.)

Block.

Ick har Dost.

Agrim

(trinkt sein Glas aus).

Ach so, wi wullen ja ansteut'n.

Fleck

(erhebt sich).

Wünsch veel Glück! un drink up Juer Wohl.
(Er stößt mit beiden an und trinkt aus. Agrim ebenfalls. Rike nippt kaum, sie sieht immer unruhig nach der Thür und auf die Straße. — Es wird lauter. Ein zweiter, dritter steht auf: „ick ok!" „ick ok!" so nacheinander auch die Frauen. Agrim trinkt jedesmal. Block schenkt den Musikanten ein und trinkt selbst tapfer.)

Eine Brautjungfer.

Rike, gönnt hew 'ck em Di nich, aber nu, dat 'n hest, will ick em Di laten. (Lachen. Es wird lauter.)

Der alte Meuten.

Denn — verget den Burn nich, den nu för'n Hoff schuldig bist.

Hinrich.

Hoho! Dat het woll lange Wiel. De Oll breugt. (Schlägt sich auf den Schenkel.) Kiek uns ein!

Meuten.

Rike weit Bescheid: olle Knorrn brennt am besten.

Junge Bäuerin.

Nee! De flackert blot. (Lachen.)

Eine Bäuerin.

Kiek an, Liesing, wur dat Ding sick ruter makt.

Block
(hat mit den Musikanten verhandelt).

Platz gemakt, nu will'n wi danzen! Un de Mäkens rümmer ranzen! (Er schiebt Tisch und Stühle aus der Mitte nach links. Musik. Tanzen. — Die Kinder auf der Straße tanzen ebenfalls.)

Rike
(da Fleck sie auffordert).

Mi is nich woll — nahher. (Sie bleibt allein sitzen.)

Junger Bauer.

Di hew 'ck nu mal, Di mutt ick holln!
(Er legt seinem Mädchen während des Tanzens das Taschentuch um
den Hals und nimmt den anderen Zipfel zwischen die Zähne.)

Das Mädchen.

Aha — los kann 'ck doch, wenn 'ck bloß will.
Aber ick will nich! (Er jauchzt, küßt sie. Beide lachen auf,
tanzen zwischen die andern.)

Blod

(faßt die Wirtin mit beiden Armen um die Taille; sie sträubt sich.
Er reißt sie herum).

Fik'n do dat man!
Fik'n do dat man!

Wirtin

(macht schließlich doch ein paar Sprünge mit ihm).

Nu is aber 'nog. (Reißt sich los.)

Der alte Meuten

(tanzt mit einem der kleinen Mädchen).

Na, Fik'n, wur bekümmt Di dat?

Das kleine Mädchen.

Fein, Bader Meuten. Möst Di 'n bitten
sneller dreihn. (Er lacht, sie tanzen fort.)

(Die Musik schweigt.)

Blod.

Hallo! Kinners, ick will juch ein 'n vörsing'n.

5*

Seid hübsch achtsam un stürt mir nich. (Der Geiger
spielt vor. Block singt:)

> Son 'n lütten Amazonenhot
> Ziert jetzt den Damenkopp;
> Is wie en Botterteller grot,
> Stit nüdlich jede Popp!
> Doch olle Schachteln kleid he nich.
> Böran ein nüdelich Gesicht:
> Den steid he wunderschœun!

(jauchzend:) Ach Junge! Das kann wohl sein!

(Piepers und Johann kommen von links über die Straße und herein.)

Alle
(unter Lachen).

> Den kleid he wunderschœun!
> Ach Junge, das kann wohl sein!

(Die Geige spielt wieder allein.)

(Beide gehen am Schenktisch vorbei an den leeren Tisch ganz vorne
links. Rike überkommt ein Zittern, sie drängt zurück, verbirgt ihr
Gesicht. Block wollte weiter singen, doch schweigt er. Stille. — Piepers
setzt sich. Johann sieht sich um, seine äußere Ruhe verrät nichts von
dem inneren Kampf. Die Gäste beginnen unter einander zu flüstern.
Johann erblickt Rike, geht zu ihr. Agrim stößt sie an, sie geht, sich
die Augen trocknend, ihm entgegen.)

Johann
(in steinerner Ruhe, auch in seiner Bewegung; reicht ihr die Hand).

Mutter läßt grüßen — sie wünscht Dir alles
Gute und Beste! — — ich ebenfalls.

Piepers
(ruft laut herüber).

Un ick ok!

Rike
(gewaltsam Thränen niederkämpfend).

... Ich ... ich danke! — Wie geht es denn
— — Mutter jetzt? — Fühlt sie sich ...

Johann.

... Nicht besonders. — Es hätte ihr eine
Menge erspart werden können. — — Sie hätte
Dich gern im Brautschmuck gesehn, wenn Dir
gelegentlich — der Gang nicht zu viel ist ...

Piepers
(ist aufgestanden).

Jan, möst 'n bitten flotter sien, 't is doch
Hochtid. (Er reicht Rike die Hand.) Un Du ok, Du ierst
recht! Süht so 'n Brut ut? — Danzt man
mal tosam.

Rike
(zieht das Taschentuch hervor).

Ich — — mir ist nicht recht ...

Piepers
(geht zu Agrim).

Na Jochn, wünsch veel Glück! — Lat uns
mal drup anstöten. (Sie trinken zusammen. — Block macht
Bewegungen mit den Armen und spricht mit den Musikanten, daß
sie kräftig spielen sollen. Die Wirtin bringt Johann zu trinken.
Er geht damit zu Rike, die abwesend vor sich hinstarrte; sie trinken.
Die Musik beginnt. Johann blickt Rike eine Weile an, geht zurück,
setzt sich mit Piepers allein. Nach und nach fangen die Paare zu

tanzen an; es wird lauter. Rike bricht in Weinen aus, bringt zurück und stiehlt sich unbemerkt fort aus dem Trubel. Man sieht sie nach links an den Fenstern vorüber gehen. — Agrim trinkt fleißig, singt dann laut und schwingt sein Glas. Soldwisch mit ihm; sie umfassen sich schließlich und singen gegen einander auf.)

Piepers
(Johann anlachend).

'N Heidnlarm! Dat gefölt ehr.

Johann.

Nein, sie ist hinausgegangen.

Piepers.

Ja, aber dat wiehr iehrst ok all so lut. (Die alte Bäuerin hat den einen Alten zum Tanz aufgefordert. Mehrere halten ein mit Tanzen. „Scht! Großmutting!")

Block
(zu den Musikanten).

Halt! (Sie halten mitten im Spiel auf.) Ein Extratour för Großmutting! Aber subjing. (Alle machen Platz. Die Musik spielt; einige singen mit:)

Großmutting will danzen.
Auf macht Platz!
Auf macht Platz!
Mit dem Großvader
Mit ehrn Herzensschatz:
Langsam, langsam,
Ribelbibelbei, Ribelbibelbei,
Langsam, langsam
Ribelbibelbei da!

Block
(stolpert hinaus).

Langsam, langsam,
Immer langsam ... (ab.)

Alte Bäuerin
(fällt auf einen Stuhl).

Nee, nu kann 'ck nich miehr. (Puftet.) Daröber
sind wi doch all rut.

Johann.

Ich geh, Vater.

Piepers.

Wat? nee doch! Bliew man noch 'n bitten;
wi sind ja eben iehrft kamen. — Noch 'n lütt
Vittelstünd', denn gah ick mit Di. (Einige rufen:
„Küffebanz!" andere Mäbchen „Nee, Nee, denn gah ick ruter.")

Der junge Hinrich
(springt auf, eilt auf eine junge Bäuerin zu).

Ja! be Küffebanz, Muf'kanten!
(Einige Mäbchen wollen fortlaufen, werben aber von ihren Tänzern
gehalten. Lachen.)

Hinrich
(faßt das Mäbchen um).

Hei! wie banzt em mit, Miening!
(fingt:) Juch! heibibelit!
Kumm mit, mit, mit!
Wie wölt 'n eins beib' banzen.

Ick hew kein Geld,
Hest Du kein miehr?
Wies mi mal Dien Dahlers hier!

Das Mädchen

(zieht einen Beutel hervor und zeigt Geld).

Hei! Rumdidelbum!
Mien leibe Jung!
Brugst nich to tu glupen,
Is nich mien,
Is nich dien,
Wölt aber doch versupen!

(Lachen. Kreischen. Die Musikanten blasen Tusch.)

Hinrich

(schwingt das Mädchen hoch).

Los Musikanten den Küssedanz!

Agrim

(schlägt auf den Tisch).

Denselben! De Diern singt so schön!

(Die Musik beginnt. Alles ist ausgelassen. Einige singen mit; es tanzen nur etwa vier Paare. Die beiseit stehenden Mädchen tuscheln und raunen sich über die Tanzenden Bemerkungen zu. Mehrere:)

„Warum bist Du denn, mein Kind, so traurig?"

(Hier kriecht die Tänzerin dem Tänzer unter dem rechten Arm durch, sodaß sich nun beide mit dem Gesicht gegenüber stehen.)

„Nu gewt juch mal 'n Kuß!"

(Er läßt sie, muß aber etwas Gewalt brauchen. Dann spielt die Musik schnell und sie tanzen flott schottisch.)

„So mien Diern nu kannst Du lachen
Un ick bin aller Freuden vull.

Glöwst denn, ick könn Di verlaten?
Nee, iehr war ick narrsch und dull!"

(Die Musik wiederholt das letzte. Lärm und Lachen, etliche werfen
sich mit ihren Sträußen, andere stoßen an, trinken.)

Agrim
(zu einem der luftigsten trinkenden Mädchen).

Lining, mak nich so dull, Du weißt, wenn't
to gewittern losgeiht, könt wi von nacht bottern.

Ein Bauer.

Ach, wat! botterst mal sur.

Agrim.

Nee, ick hew twei Rahmstan' vull.

Soldwisch.

Wo is denn Korl Blocken?

Wirtin.

Ruter gahn.

Soldwisch
(stößt Agrim an, thut heimlich mit ihm).

Wölt em mal wat in sien Glas maken, denn
ward he sprütten duhn. (Agrim nickt lachend.)

(Soldwisch holt sich die Schnapsflasche, gießt etwas zu dem Wein.)

Wirtin
(bemerkt es).

Nee, kamt, dat ward nich makt. He is so

all wiet genog to. — Gew den Buttel her! —
(Es wird leiser; Johann wird aufmerksam.) Du sust Di wat
schamen, Krischan. (Sie nimmt das Glas und gießt den
Wein fort.)

Agrim
(lacht laut auf. Schiebt Goldwisch Rikes Glas hin).

Hahaha! Den Buttel set man up mien Rek'n. —
kum hier. Haha! Man nich so wenig. Rike
het noch kein Schluck drunken, de ward ja sunst
up ehr Hochtid nich mal benusselt.

Johann
(steht ruhig auf und geht zu ihnen. — Alles sieht gespannt auf. —
Er nimmt ihnen ohne ein Wort das Glas fort und wirft es durch
die offene Thür auf die Straße, wo es klingend zerspringt. Dann
geht er ebenso ruhig zurück.)
(Tiefe Stille. — Moment höchster Spannung.)

Agrim
(erhebt sich langsam, sich mit beiden Händen auf der Tischplatte
stützend; er ringt nach Atem).

... Wa ... Wat ... Wat?! — Het öber
se noch wer anners wat to seggen, as ick?! —
Is di 't nich genog, dat 'ck Dien Maitreß
nahmen hew?! — Jawoll! Dien Maitreß!! (Er
zittert vor Wut.)

Johann
(springt auf).

Was sagt er?

Piepers
(hält ihn zurück).

Lat 'n Jan, he is besap'n.

Johann
(außer sich).

Was sagt der?!

Agrim.

— Un wenn ick teinmal besap'n bin: Dien Maitreß! segg ick! — Dien Vader het mi blot darum zwungen! He har mi mien Hoff nahmen, wenn ick sei nich nahmen har!

Johann.

Was ist das, Vater?! — Was heißt das?!

Piepers.

Lat, lat doch! Lat em . . .

Johann
(zu Agrim).

Heraus jetzt! Was hat mein Vater mit dem Hof zu thun?! Heraus!

Piepers
(zieht ihn zurück).

Frag' doch nich! De hölt de Kreih för de Sün', de is besap'n! (Block lacht hinter der Scene laut auf. „Hallo, Mile! verlerns man be Hacken nich!" Lacht.)

Johann

(stößt den Vater zurück).

Ich will wissen, was das bedeutet! Ich will die Wahrheit heraus haben!!

Rike

(stürzt atemlos herein).

— Johann! — Johann! — (Sie hält sich an ihm.) — Ich... war eben bei der Mutter... sie liegt so still da. — O! ich hab' solche Angst! — — Als ich die Gardine aufzog, hing der rechte Arm so — — steif. — — Ich rief sie — — schüttelte sie — — und dann — — die Augen — — —

Piepers

(steht erschüttert; sucht aber die äußere Ruhe zu bewahren).

— Ach wat! dat is man alls Drömerie!

Rike.

... Nein, nein! ... ich glaub' sie ist tot! —— (Weint. Bewegung unter allen Anwesenden. Die alte Bäurin schlägt die Hände über den Kopf zusammen.)

Johann

(bis ins Innerste getroffen).

... So ... die Mutter ... das hat die Hoch= zeit gekostet. — (Er geht hinaus, dann links.)

Block
(singt draußen):

„As unf' lütt Rike sick mal dick,
Des Abends het oberfreut;
Mit Jan speelt griep'n achtern Knick" ...

Piepers
(stark mit sich kämpfend).

— Dat — dat kann ja garnich angahn.

Rike.

Ja! — Vater! — O! allmächtiger Gott! nun
war alles umsonst! (Sie reißt sich Kranz und Schleier herunter.)

Wirtin.

Rike! Rike! (Fängt sie auf.)

Piepers
(voll innerer Wut, tritt dicht an Agrim heran).

Du saft mi kenn' liern! Paß up!!

Agrim
(ist zur Besinnung gekommen).

— Ick — ick hew de Wahrheit seggt! —
Up de Knein het s' mi dat vörweint ...

Piepers
(in heiserer Wut).

Swieg!! Sünst slag 'ck Di den Bregenkasten
in! — — Wi spreekt uns noch! — (Ab.)

Block
(torkelt herein).

Is nich die Braut hierwest? — Wi wölt doch ok tosam danzen. Musik! Musik! (Singt von vorhin fortfahrend:)

„Mit Jan speelt Griepen achtern Knick.
Se wärn so lustig beid'
Se glöben, se wärn so ganz allein,
Doch Jochn kriegt dat doch to seihn!
Obgliek he sult nich seihn:
Ach Junge! das kann wohl sein!"

(Goldwisch und noch einige singen mit; andere gebieten mit „Scht!" und „Still doch!" Ruhe. Hiermit fällt der Vorhang.)

Verwandlung.

Agrims Hofplatz.

(Rechts Gebäude und hölzerne Vorlaube. Links niedriges Steingebäude, Molkereikeller, breites Schauer als Vorbau. Darunter allerhand Gerät: ganz vorn ein Schleifstein, weiter hinten langes rotes Holzgestell mit umgestülpten Kannen und Eimern. Zwischen den beiden Teilen führt die Steintreppe in den Keller.)
(Es ist Mitternacht. Gewitter zieht herauf.)

Piepers
(kommt hinten durchs Thor. Er hat einen Sack über den Kopf und geht lauernd um die Gebäude. Verschwindet bald ganz vorne links und kommt hinten wieder hervor. — Droht nach dem Haus).

Wenn 'ck Di drap, ick brek Di de Rippen!
— Rike will 'ck dat Mul woll stoppen, aber Du!

— Du kriegst von mi 'n Ding, dat em nich miehr anwurst, wenn he Di frögt! — — Ha, beß Jung! Nich mal miehr in de Slapstuw let he mi rinner, he segt: ick stür ehrn Slap ... as wenn de noch to stürn is. — — Har beß verdammte Hund doch bloß sien Mul holl'n! — (Er geht ums Haus, erscheint hinten wieder.) — Ja, dat könt s' all: ehrn Hoff to Grun' richten, 'n por dusend Dahler up 'n Meß smieten! aber wenn s' denn naher hulpen sind, denn quarkt s' alls ut! — Joch'n, eck brek Di 't Gnick, verlat Di dorup!! — wenn Du mi nich versprekst ... (Er geht wieder ums Haus.)

Agrim
(kommt über den Hof.)

Pu! son 'n Swienkram! — Wenn 'ck man blot 'n bitten beder up mien Bein stahn kunn. — (Steht.) Nee, nee, Joch'n, dat harst nich seggen möst. (Forsch.) Na, lat rieten oder breken, is ja all egal! — (Er klopft links ans Fenster.) Rut! Dierns rut! Hewt juch noch nich umtrocken? — Ick wier ok giern leiber noch 'n beten bi Kathrin bleben. (Piepers erscheint vorne links, droht mit der Fauft. Er wird nun bald hinten, bald rechts sichtbar, hält sich aber immer so, daß ihn die Sprechenden nicht bemerken. —) Haha! wat 'n Larm. — Dierns, rut ut de Puk, dat de Betten drögen! — Nee, so kann 't nich blieben, dat seih 'ck in . . . (Rike kommt aus dem Hause; nach ihr drei Mägde und ein Knecht. Die Mägde nehmen ihre Röcke hoch und schlagen sie über den Kopf, laufen dann kreischend über den Hof. Wenn sie glücklich unter dem Schauer sind, lachen; dann alle die Treppe hinunter.) Na, denn bottert man to . . .

Agrim
(erblickt Rike, ist sich erst nicht ganz klar, besieht sie näher).

Na, wat? — Du bist ok noch hier? — Oder bist Du 't nich?

Rike
(im Hauskleid, Wolltuch über den Kopf).

— Ich wollte noch erst Dich sprechen — (weinend.) Bis — die Mutter beerdigt wird, — bleib' ich bei dem Fräulein — nachher fahr' ich wieder in die Stadt — es wird sich schon ein Dienst für mich finden. —

Agrim.

— Hm — jä — denn kummt Piepers un nimmt mi alls, alls: den Hoff . . .

Rike.

Nein. Die Schuld hat er mir geschenkt, als Mitgift — die kann er nicht wieder fordern, er hat kein Recht. — — Ich — ich hab' schon er= hatten auf den Schein geschrieben. Du hast keinem mehr was zu geben! — Aber um eins wollt' ich Dich bitten: wenn Vater kommt, wenn

er schilt und tobt, reiz' ihn nicht! Schweig' und
geh'! Er kennt sich selbst nicht im Zorn. — Und
auch Johann — Johann sag' nichts! kein Wort,
keine Silbe! — Darum hab' ich Dich bitten
wollen: sag' ihm nichts, geh' ihm weit aus dem
Wege!

Agrim.

— Jä — dat is nu so. — De Zinsen will
ick Di doch schicken ... ick denk' vier ...

Rike.

Ich will keine! (— Das Gewitter wird stärker.)

Agrim.

Du — Du möst doch aber wat to leben
hebben!

Rike.

Das will ich mir verdienen.

Agrim.

Jä — — Un — nu — wi ward nu mit
uns? (Schweigen beide eine ganze Weile.)

Rike.

Ich denk': keiner verliert, wenn wir — aus=
einandergehn — darum — denk' ich — Du be=
sorgst es gleich morgen. — daß Du wieder
heiraten kannst.

Agrim.

— Un Du of —

Nile.

Ach — wegen meiner — wer wird da . . .
(Sie weint. — Piepers hockt sich vorne links vor den Schleifstein.)

Agrim.

Jä — aber bi dit Wetter, bi diffen Regen
— — fußt doch man noch blieben.

Nile
(weinend).

— Der Regen — ach, wenn's bloß das
wär' . . .

Agrim.

Hm — jä — denn abschüs. (Er will hinüber
gehen.)

Nile
(reicht ihm mit abgewandtem Gesicht die Hand).

Adieu! Wir haben uns nichts vorzuwerfen
— wir konnten beide nicht anders. — (Sie geht
ein paar Schritt, lehnt sich dann weinend gegen den letzten Pfeiler.)

Agrim
(geht langsam über den Hof).

— Un — bi son 'n Weder . . . (Er geht unter
das Schauer nach dem Ständer; klopft hier auf einen Eimer, dort

auf eine Kanne.) — Hm — hm — jä. — — Na
lat s' — ick kann s' ja nich holl 'n. — (Er kommt
an die Treppe.)

Piepers
(steht plötzlich vor ihm; erregt).

Jochn! Du dörfst nichs seggen!

Agrim
(erschrickt).

Nee! — hew ick mi versiehrt.

Piepers.

Du dörfst nichs seggen, Jochn; nichs! wenn
mien Jung fragen deiht!

Agrim
(wieder gleichgültig, in seiner halben Besoffenheit).

Wat? — hä — Wat meinst? nichs seggen?
Ich segg wat ick will! wat ick will! Hürst? —
Lat mi vorbi.

Piepers.

Nee! Du kümmst nich iehr von Plakken! —
(überredend.) Dat is doch allein Dien Vordeil!
kannst Du mi seggen, dat ick di toweel afnahm'n
hew? Du hest mi de Zinsen noch nich einmal
betahlt, ick hars ok so hoch nich von Di nahm'n.
— Ick wull Dien Unglück nich!

6*

Agrim.

Davon hew ick all nichs markt. — Wat heft
nu von Dien verfluchtes tosam 'n kuppeln? Hä?
— Wat heft ut de Diern makt? — Du bist
schuld! Ja! — Wat ward ut ehr — hä —
wenn s' nu allein in 'n Stadt geiht? — Du
heft s' to Grun' richt'! Du heft . . .

Piepers.

Jochn! — Hier geiht uns de Diern nichs
an! — Ick hew Di hulpen — Dien Wes'wark
kannst verduppeln . . . ick borg Di 't! — Jochn,
soveel as wult! — segg denn Jung nichs!

Agrim
(will hinunter).

Ach — gah weg! — ick will von Dien
Blotdahlers kein! De hebt mi einmal in de Seel
bedragen! — jetzt ist 't all!

Piepers
(faßt ihn an).

Verspreek! Jochn! verspreek, dat Du nichs
seggen wult! — Jochn!

Agrim.

Alles segg ick! wat mi infölt! — Lat mi
dörch! — Mak dat von mien Hoff kümmst!

Piepers.

De Hoff is mien!! — Jochn! ick kann em
Di nehmen — verspreek —!

Agrim

(packt Piepers an, will ihn zur Seite stoßen).

Nichs! Du kannst mi nichs mehr nehmen!
— Gah weg hier!

Piepers.

Jochn! ick segg Di ... (Sie ringen miteinander.)

Nike

(ist durch den lauten Wortwechsel aufmerksam geworden und nach
vorn gekommen).

Vater! Vater! hör' doch! — O, mein Gott!
mein Gott!

Piepers

(im Ringen).

— Swieg gegen Jan! — Jochn! — Ick rat'
Di ... Jochn!

Agrim.

Weg hier! — gah weg — Blouthund! —
(Er bringt mit Gewalt vor, Piepers giebt ihm einen Stoß; er stürzt
aufkreischend die Treppe hinunter. — Starkes Gewitter. Heller Blitz
und lautes Donnern. — Piepers steht erschüttert.)

Nike

(sinkt neben Piepers in die Knie).

Vater! — Vater! —

Piepers
(zuerst stockend).

— He — he is utglippt — un be Trepp dahlstört — (laut, mit ganzer Kraft) dat is 'n Unglück!!
(Im Keller werden Stimmen laut. Dann Entsetzensschreie der Mägde. — Piepers stößt Rike fort und geht schnell nach hinten über den Hof. — Tobendes Gewitter.)

Vorhang.

Dritter Akt.

Leutestube bei Piepers

wie erster Akt.

(Es ist nachmittags 3 Uhr. Milder Herbsttag. Drinnen matte Be-
leuchtung, draußen die grell-weiße Herbstsonne).
(Man sieht jeden Augenblick Erwachsene und Kinder mit Kränzen von
rechts nach links an den Fenstern vorübergehen).

Johann

(sitzt am Tisch, den Kopf gestützt, sieht träumend hinaus; nickt, wenn
jemand von den Kranzträgern herein grüßt).

Piepers

(kommt nach einer Weile von rechts, betrachtet Johann, will nach
links, besinnt sich und geht zurück; macht sich am Schrank zu schaffen).

Seraphine

(kommt links aus dem Sterbezimmer).

. . . Wieviel Kränze bloß — und immer
bringen sie noch welche. — (Sie sieht Piepers.) Guten
Tag! mein herz . . .

Johann

(faßt nach ihrer Hand).

Bleib! — (Er setzt sich wieder, hält ihre Hand.)

Seraphine
(leise weinend, streicht ihm mit der Linken über Stirn und Gesicht).

— Johann — — Wir können's doch alle
nicht ändern — —

Piepers
(betrachtet sie beide).

... Hm ... Hm (rechts ab).

Seraphine.

— Johann — Rike ist auch da. — Willst
Du ihr nicht guten Tag sagen?

Johann.
Nein.

Seraphine.

Sie leidet so darunter. — Du mußt ihr nichts
zur Last legen.

Johann.
Das thu' ich nicht.

Seraphine.

Denn komm auch — Laß Dich wenigstens
vor den Leuten einmal sehen.

Johann.
Ich kann nicht — jetzt nicht.

Seraphine.

Sag' ihr nur ein gutes Wort — Sie hat so
schwer gelitten. — Als man ihn ins Kranken=
haus trug — ihren Mann — in der Hochzeits=
nacht, da ist sie doch geblieben. — Nun führt
sie seine Wirtschaft so gut sie's vermag.

Johann.

... Du hast noch nichts erfahren, warum sie
den Abend gehen wollte?

Seraphine.

Bestimmtes ist nicht heraus zu bringen, sie
bricht immer gleich ab. Sie behauptet, Agrim
sei sinnlos betrunken gewesen, sonst wär' er auch
wohl nicht so schrecklich gestürzt. — — Sie trägt
so schwer — sie brach zusammen, als sie Dir
eben die Nachricht gebracht — daß die Mutter
— gestorben.

Johann.

Sieh' — das ist's! Es steckt etwas in ihr
— ein Rätsel, das mit dem plötzlichen Rückfall der
Mutter zusammenhängt. (Er erhebt sich.) Und sie soll
mir Rede stehn, noch heute Abend! — — Agrim
war betrunken: doch er sagte die Wahrheit! —
— (Voll innerer Erregung.) Glaub' mir — noch weiß

ich nicht was — doch etwas wird geschehn! —
— Doch nichts davon — kein Wort — solange
die Mutter auf der Erde — — erst zur Ruhe
— sie hat die Ruhe verdient. — (Grabgeläut.) Ach
... still jetzt — — wär's bloß erst vorüber. —
(Weint, die Arme starr am Körper.)

Seraphine
(legt den Kopf an seine Schulter).

— Du nimmst es zu schwer. — (Sie weint. —
Der Pastor geht an den Fenstern vorüber.) Einmal muß
es doch sein. — Sie tragen's doch alle. —

Johann.

Niemand wie ich. — Ich begrabe meine Eltern
in dieser Stunde: sie war mir Vater und Mutter
— alles — und nun muß ich das alles her=
geben — — —

Seraphine
(umfaßt ihn weinend).

— — Johann — — —

Nile
(kommt von links).

... Der Pastor ist ...

(Johann sieht sie groß an, blickt dann an ihr vorüber. Sie reichen
sich die Hände, erst widerstrebend, zitternd, dann fest zufassend. Sie
bedeckt das Gesicht mit dem Taschentuch.)

Seraphine.

Ja — kommt — laßt uns gehen. (Sie legt den

Arm um Rike. — Im Sterbezimmer singt ein Kinderchor sehr langsam: „Christe, du Lamm Gottes, der du trägst die Sünden der Welt, erbarm dich ihrer!" — Seraphine umfaßt beide.) — **Kommt nun — kommt.** — (Sie gehen ins Nebenzimmer, während des Gesangs; kleine Pause.)

Piepers

(kommt von rechts, geht an den Wandschrank, trinkt einen; will dann nach links gehen. Da kommen von rechts der Gemeindediener und Polizist. Er erschrickt, faßt sich aber, forsch).

Na — wat giwt denn nu?!

(Gemeindediener stößt den Polizisten an und verkriecht sich hinter ihn.)

Polizist.

Es is — in der Stadt — bei 's Gericht, ein — Brief, ein Schreiben angekommen. — Sie haben den Agrim mit Totschlag gedroht — un sind auch zu fraglicher Zeit da gesehn —

Piepers
(bemüht, sich zu halten).

So?! — Un wat wieder?

Gemeindediener.

Dat is nu so — He möt uns dat nich anreg'n — He sall ja — ick mein natürlich: wenn he so god sien will un mal up 't Amt kamen — Is ja man bloß, dat he seggen deiht, wur he denn Dag, denn Abend weest is.

Piepers.

Kann 'd nich gahn un stahn, wo 'd will?

Polizist.

— Wenn Sie nachweisen können, daß Sie
nicht dort gewesen sein können, zu die fragliche
Zeit, sagt Ihnen kein Mensch was — denn is
auch alles gut — sonst — müssen wir Sie ver=
haften. —

Gemeindediener
(kriecht hinter den Polizisten).

... Uns — uns möt he 't nich anreg'n —
wie möt ...

Polizist
(fortfahrend).

— Der Verletzte ringt mit 'n Tod — 's
kann jede Minute aus sein.

Piepers
(gezwungen gleichgültig).

So! — Un ick hew em dahlstött?! Hahaha!
Nu ward 't snein! Haha! — (Er lacht roh. Nebenan
wird sehr langsam der zweite Vers gesungen: „Christe, du Lamm
Gottes, der du trägst die Sünden der Welt, gieb ihr Deinen Frieden!"
— Piepers erschrickt, geht schnell nach links.)

Gemeindediener.

Wenn dat man god geiht, de kann ein 'n

mit be Oogen bot slan — un be gelt wat hier
— bat of grab hüt ...

(Lautes Schluchzen im Nebenzimmer. Am Fenster links erscheint
zuerst der Küster mit dem singenden Kinderchor, dann der Pastor,
sechs Träger mit dem blumengeschmückten Sarg, dahinter als erster
Johann, den Hut in der Hand. Dann viel Bolk, alle Kränze tragend.
Der Zug geht sehr langsam vorüber, jeden Augenblick stehen
bleibend.)

Rike

(stürzt gleich, nachdem der Gesang begonnen, schluchzend herein.
Seraphine folgt ihr. Rike fällt auf einen Stuhl und legt das Haupt
auf den Tisch, laut weinend).

Seraphine

(streicht ihr eine Weile übers Haar, hebt ihren Kopf und drückt ihn
gegen die Brust).

— Faß Dich — Rike. — Sieh' — wir
leiden ja alle darunter. —

Rike

(umfaßt Seraphine mit beiden Armen, sieht zu ihr auf; unter Thränen).

... Ich hab' doch keine Schuld?

Seraphine

(beugt sich zu ihr herab; küßt sie).

Aber Rike — wie kannst Du nur so was
denken! — Du hast sie wohl lieber gehabt, als
wir alle — — (Sie sieht aus dem Fenster.) Johann
geht so allein, ich möchte mit ihm geh'n. Erhol'
Dich erst ein bißchen, dann geh' heim — ich
komm' nachher vor. — Und dann denk' nicht so
dummes Zeug. — Du liebes Ding! (Küßt sie. Rechts ab.)

Rike.

Ja, geh mit ihm — (Sie sieht dem Zug weinend nach.)

(Der Chor singt dann wieder den ersten als drittem Vers. Wenn er ausgeklungen, schweigen auch die Glocken eine kurze Weile, um bald desto lauter wieder einzusetzen.)

Piepers kommt gesenkten Hauptes von links, blickt stumm, mit großen Augen nach dem Zug. — Polizist und Gemeindediener haben sich scheu rechts an die Wand gedrückt.)

Piepers.

Dat ick nich vorbie bin, dat leg ick juch to Last! — Hüt — an son 'n Dag!

Rike
(sieht sie erst jetzt).

Vater! — Was ist — Was sind das für Leute? — Was wollen die, Vater? (Sie ist voll Angst.)

Piepers.

Dat geiht Di nichs an (ab.)

Polizist.

Aber Fräulein, Angst brauchen Sie nun man keine zu haben. Wir thun nichs, junge Damen überhaupt nich. (Lächelt.) — Der Herr Vater braucht man bloß nachweisen, wo er an' Gewitter= abend war. — Da is Sie nämlich son 'n ge= mein 'n hinterlistigen Brief eingetroffen.

Gemeindediener.

Viellicht weit Se, dat Piepers to deß Tied up Ehr Hochtid wär . . .

Nile.

Nein . . . nein . . . da, weiß ich nichts — ich bin schon früher fortgegangen . . .

Piepers
(kommt zurück mit einem angeschnittenen Puffer, zwei Flaschen Wein und Gläsern).

So, Ji sölt doch ok wat hebben. (Er gießt ihnen Wein ein und schneidet Kuchen.) So, nu muffelt man los.

Gemeindediener.

Ja, dank' schön, dat doht wi giern. (Beide setzen sich hinten rechts.)

Nile
(mehrmals leise).

. . . Vater! — Vater . . .

Piepers
(winkt mit dem Kopf, daß sie nach vorn gehe, folgt ihr ganz vorn links).

Dat Du Di nich wat marken lätst!

Nile.

Vater — ich hab' ganz gewiß nichts gesagt —

Piepers.

Swieg still! — Har 'ck Di bloß rechttibig.

dat Gnick umbrellt, denn wier dat all nich kam 'n.
— (Leise eindringlich.) Du heſt mi ſeihn! as Du de
Nacht von Agrim hier her wuſt! Ick wull Di
de Nacht nich bi be Liek laten, un Du büſt trüg
gahn — donn is Agrim ſulln . . .

(Gemeindediener und Polizist essen tüchtig, sprechen zusammen. Der
Erste blickt scheu nach Piepers, schneidet sich dann schnell ein großes
Stück Puffer ab und steckt es hinten in die Rocktasche.)

Piepers
(fortfahrend).

— He is utglippt! — Dat is ſo! Ick bin
unſchulbig, Du heſt 't ſeihn: he is utglippt!

Rike.

Ja — Ja — aber wenn ich nun aufs
Gericht muß — Vater . . .

Piepers.

Du geihſt mit un ſeggſt dat! (Laut.) Du geihſt
mit! Dumm Diern, wie kann ſe ſo bang ſien.
Di deiht kein Minſch wat! —

Gemeindediener
(lachend).

Nee, kein Minſch — kein Minſch! (Trinkt.) —
Is ja bloß ſo — hat kein Bebübung. — De
Win is ſchön, dat mut 'k ſegg'n — ja! —
He het jawoll 't Gnick braken, de Dokter meint,
't is balb all.

Piepers

(hat wieder seine ganze Kraft gewonnen. Rise weint von neuem).

So!

Polizist.

Thut's Ihnen nicht leid?

Piepers.

Wat geiht mi dat an?

Polizist

(steht auf).

Ich denk', wir gehn nu. — Sind Sie soweit?

Piepers

(trotzig).

Wur wiet ick bin, geiht kein' Minschen wat an!

Gemeindediener

(hält die Flasche gegen das Licht).

Dor is ja noch 'n Druppen in.

(Trinkt den Rest aus der Flasche.)

Polizist.

Aber ich soll doch nu heut' Abend noch in die Stadt sein, un da hab' ich nich lang' Zeit. — Nu müssen Sie doch noch erst aussagen und wir müssen es aufschreiben.

Piepers.

Schriew doch! Gläuwst ick bin 'n Deiw, dat 'n mi so einfach upt Rathus hal'n kann?

Polizist.

Ich glaub' garnichs, Herr Piepers. — Das
is ja nu bloß, daß Sie Ihr „Albili" nachweisen,
un das werden Sie doch leicht kön 'n. Sie
werden doch nicht in' Gewitter spazieren gehn.

Gemeindediener.

Doch . . . (Faßt sich schnell; ängstlich.)

Piepers.

Dat doch 'k immer! — Ick paß up ob 't
insleit, damit denn alles gliek to Hand is.

Polizist.

Nu, da bleiben Sie doch nur auf Ihr'n Hof,
denn müssen Ihre Leute Sie doch gesehen haben.
Nehmen Sie Zeugen mit.

Piepers.

Ick bruk kein Tügen! Mien Wurt gelt! hier
un öberall!

Polizist.

Ah — das kann nu woll jeder sagen, aber
vor Gericht . . .

Piepers.

Nimm Di in acht! Du schienst mi noch nich
to ken'n Du geele Snüffel! Du kannst mi noch
ken'n liern. Du flüchst noch in 'n Dreikant rut!

Polizist
(in seiner ganzen Würde).

Wir woll'n uns nicht streiten, Herr Piepers!
Ick bin hier von die Stadt hergeschickt und thu,
was mein Amt is. — Ich könnt' Sie ja schon
wegen Beamtenbeleidigung aketiern, aber ...
komm' Sie nu man mit.

(Kinderchor singt in der Ferne:

„Grabt mein verwesliches Gebein,
O ihr noch Sterblichen, nur ein.
Es bleibt im dunklen Grabe nicht,
Denn Jesus kommt und hält Gericht.")

Gemeindediener
(Piepers beruhigend).

He brukt doch man bloß bi 'n Herrn Amts-
vorsteher to seggen, wur he wier. Herr Amts-
vorsteher säh sülmst, dat wier bi Em kum nödig:
„aber weil es von die Stadt kommt, müssen wir
unsere Pflicht sofort thun. —"

Piepers
(erregt auf und ab).

Hüt! — an son 'n Dag — mi uptofordern,
wo ick den Abend west bin — an' Starbedag!
— 't is doch de Möglichkeit!

Polizist.

Davon konnten wir nu in die Stadt nichs
wissen. Un ich soll heut noch zurück.

Piepers.

Un wenn ick nu hüt nich utsegg?! — Nee! ick will nich!! — Hüt nich! — un morgen of nich! —

Rike.

Doch, Vater! ja, ich will mitgeh'n.

Piepers.

Aber ick nich! Ick will ierst mien Ruh hebben, dat kann 'ck verlangt sien!

Rike.

Ach bitte, Vater! Komm jetzt, laß uns schnell gehn — eh Johann zurück kommt — wenn er das merkt — heute merkt! (Schluchzt auf.) — — ach komm, Vater, — man kann Dir ja nichs thun . . .

Polizist.

Denn is ja alles gut, wenn Sie mitgeh'n. Bloß 'n bischen Protokoll aufnehmen — zehn Minuten . . .

Piepers.

Un wer giwt mi wat daför, dat ick wie 'n Verbreker mit Juch börch de Straten lop?

Rike.

Komm doch — Vater, bitte!

Gemeindediener.

Wi gaht vörop, wenn he 't seggt, denn kümmt he ok, dat weet wi.

Polizist.

Meinswegen — wir sind doch keine Henkers= knechte.

Piepers.

Ick kam glieks!

(Polizist und Gemeindediener, der schmerzvoll auf den Rest Kuchen blickt, ab.)

Rike
(losbrechend).

Vater! Vater! (Schluchzt.)

Piepers
(nur mit Mühe seine Fassung bewahrend).

Watdenn? — Du weißt doch — wat Du to seggen hest. — Un ick hew 't nich dahn! ick hew 't nich dahn! ...

Rike.

Was wird bloß Johann sagen?

Piepers.

— Nichs! — De het hier nichs to seggen. — Kumm man — lat uns gahn.

Johann

(schreit draußen plötzlich auf): Was?! Was! . . . mein Vater?!

Piepers
(erschrickt).

Nanu! — (Schnell zu Rike.) Dat Du mi swigst! Holl Di an mi . . .

Johann
(zieht den Gemeindediener am Arm herein. Außer sich).

Vater!! Man hat Dich bei Agrim gesehn?! Du . . .!

Piepers
(fest).

Dat sind Lögen! Ick bin hier um mien Hoff gahn!

Johann.

Ich sah Dich, wohl zwei oder drei Mal.
(Er läßt den Gemeindediener).

Piepers.

Woll twintig bit dörtig Mal! Du hest nich tälb! — Rike kannt betügen.

Johann.

Rike! Du sahst den Vater hier?

Rike.

— — Ja . . . ja . . .

Johann.

Wo?!

Rike.

— — unterwegs — — als . . . (Weint.)

Piepers.

Kumm, Rike! Dat ward höchste Tied! (Zu Johann.) Hest Du 't in 'n Gasthoff för de Lüt bestellt?

Johann.

Rike! Du sprichst nicht die Wahrheit!! (Er packt sie an, Piepers tritt dazwischen, reißt sie los, sie läuft weinend hinaus.)

Piepers.

Lat! segg ick Di!! (Mit zornigem Blick auf Johann ab.)

Johann

(schreit auf).

Rike!! — Ich find' sie doch! — (Im Innersten erzitternd.) — Mein Gott, mein Gott, ist es denn möglich?! — (Der Kinderchor singt heimkehrend den Gesang:

„Allein Gott in der Höh' sei Ehr,
Und Dank sei seiner Gnade . . .")

Johann.

... Und das heut — am Trauertag — —
Mutter schlaf! — schlaf fest!!

(Sich mit beiden Händen nach dem Kopf fassend, geht er nach links.)

Vorhang.

Vierter Akt.

Gasthof

wie zweiter Akt 1. Verwandlung.

Fleck

(kommt herein).

Het uns' junge Herr hier wat bestellt?

Wirtin

(am Schanktisch beschäftigt).

Nee, hier is kein Minsch weest.

Fleck

Jä — wat mak ick bloß? Se fackt mi all
drum an, as wenn ick daröber to befehl'n har.
— (Stimmen.) Da kamt 's all.

Wirtin.

Ick will woll inschenken. Geld krieg ick all;
Piepers lät sick nich lumpen.

Blod

(allen voran).

Kamt, lat uns dat Fell verfup'n. (Der größte Teil der Leidtragenden kommt herein, doch nur vier oder fünf Frauen alle anderen Frauen gehen vorüber.)

Blod.

Schenk in! schenk in! Und schönster Rhein= wein soll es sein! (Die Wirtin schenkt die Gläser voll; einige setzen sich.) Nah dit Gejammer möt wi mal 'n lütten nehmen, dat wi weder grad' up 'e Bein stahn könnt. (Trinkt.)

Fled

(feierlich).

Ick bin ja von mien 'n Herrn nich dortau beupdragt, — aber ich glaub' doch in sein 'n Sinn zu handeln — wenn ich alle für die herz= liche Teilnahme vielen Dank sage . . .

Blod.

Dat kost't noch ein 'n. (Trinkt.)

Fled.

. . . Insbesondere wär' dem Herrn Past'r zu danken — mien Herr ward dat woll deß Dag in 'e Reig maken —

Blod.

Jawoll! Morgen ward Swin slacht!

Fled.

... Dann aber auch dem Köster ... er hat
uns mit so schöne Gesangverse ... so recht von
'n Hart'n feul'n laten, wat wi verlorn — (Er
kämpft mit Thränen.) — — Aber ännern läßt sich
das ja nicht; wir Menschen haben nun mal alle
unfer Schickfal und dann ... ein Stün', wur 't
mit uns uphürt. — — Aber für die vielen
schönen Blumen und Kränze muß ich doch noch
besonders danken ... soveel har unf' Madam sick
wol doch nich dacht. — (Er nimmt sein Glas.) Und
nu nochmals allen schönen Dank! — (Er wischt sich
die Augen und trinkt dann. Die meisten brauchen ihre Taschentücher,
nach und nach greifen sie dann auch zu ihren Gläsern.)

Wirtin.

Dat hest sihr got makt, Christower.

Meuten.

Dat segg' ick ok.

Blod.

Segg mal, Kathrin, giw 't denn nichs to
eten?

Wirtin.

Kannst Du all weder den Magen nich vull
kriegen?

Block.

Bull is he all, von all dit Gedröhn, aber darbi krieg ick nichs in 'e Knaken.

Eine Bäuerin.

Get s' vull Sprit.

Fleck.

... Wir wollen ihr alle gute Ruh' wünschen ...

Block.

Un mi wat to eten!

Fleck.

... Sie ruhe in Gott!

Block.

Ick in' Kohstall, wenn ick bloß erst satt bin.

Älterer Bauer.

Teuw doch bit morgen, denn kriegst ja genog.

Wirtin.

Denn quäst he weder, wil he nichs to drinken het.

Hinrich
(drängt sich an Block).

Ist 't wohr, ward morgen slacht? — kann man dor nich son 'n bitten mit ankam 'n? — wenn 'k ok 'n bitten helpen sall.

Block.

Denn möst wat to drinken mitbringen.

Hinrich.

Ja. — Ick mein ... Du versteihst mi? — 'n god Stück Fleisch ...

Block
(nickt ihm Schweigen zu).

Wur bin ick matt in 'e Glieder.

Wirtin.

Gah man nah hinner, Lünig het woll noch wat stahn.

Block.

Wenn 't man was Rechts is. (Er nimmt schnell eine Weinflasche unter den Arm und will gehen.)

Wirtin
(nimmt sie ihm fort).

Nee, kumm, de lat man hier. (Lachen. — Bauer Soldwisch kommt über die Straß' und herein. Block ab.)

Soldwisch
(aufgeregt).

Nu is 't soviet! He het em richtig rümkregen! — Aber se hebt em halt! so hebt em eben up 't Amt halt! (Stille.)

Meuten.

— Wat heſt denn, Kriſchan. — Nu kam
doch man mit de Sprak ruter.

Soldwiſch.

Ick ſegg doch: Jochn is dod! De ligt up 'n
Rüg! (Bewegung.)

Zugleich

Wirtin.
Is nich möglich!

Hinrich.
Wiert denn ſo ſlimm?

Vierter Bauer.
Dát 's nich god!

Soldwiſch
(droht erregt mit der Fauſt).

Aber ſe hebt em halt! Se hebt Jürb 'n up
't Amt halt! — Un be is 't weeſt! De is 't
weeſt!!

Dritter Bauer
(ſteht auf; beſtimmt).

Dat kannſt Du nich ſeggen!

Soldwiſch.

Ja! ick ſegg dat!

Menten.

Un — wo is he jetzt? Mi het 't all wunnert,
dat he nich hier is.

Soldwisch.

Up 't Amt is he! Ick hew 't henschreben,
dat he 't wesen is!

Dritter Bauer.

Dat weißt Du nich!

Wirtin.

Sowat sall man bewiesen!

Soldwisch.

Ick hew 't hürt, all he 't seggt het!

Hinrich.

Ick ok, aber dat wier doch man in sien Wut.

Soldwisch.

Ja! Un in sien Wut het he em 't Gnick
braken! — He is 't weest! — — Un nu sitt de
Diern dor — as sien Fru, un nimmt dat Ganze
man so einfach in de Arm. — Ah! ick...!

Menten.

Ja, Krischan, sowat wür mi ja ok argern

aber darum brug man 'n annern Minschen nich för 'n Verbreker holl'n.

Wirtin.

Nee! gewiß nich! — Veel Eigens het he doch öberhaupt nich hat.

Bierter Bauer.

So is 't! — veel het em nich tohürt. — Sprek mal mit Rike, de Handvull, de sien wier, warb s' Di woll ...

Soldwisch.

De Hoff wär sien! Un be is mi ut de Kratz gahn! — — Haha! lat 't Schied tum Deubel!! — Kathrin, bring to drinken her! — (Er setzt sich rechts.) Is ja doch all egal! (Wirtin schenkt ihm ein; er trinkt.) Hahaha! Junge ick kunn jetzt mit 'n Deubel danzen!!

Meuten.

Beruhig Di man. Lat fleigen — Du kümmst ok so hendörch. — Prost! (Trinken.)

Hinrich.

Heirat'st Rike! Süh, dat 's 'n Sak! De möt doch ok 'n Mann hem.

Soldwisch.

Ja! Ick will ehr all ein' tosteken.

(Piepers kommt langsam, doch hoch aufgerichtet, mit herausforderndem
Blick, über die Straße. — Nach Soldwischs Nachricht sind die meisten
Leidtragenden gegangen; erst die Frauen, dann auch Männer. —
Von denen, die ihm jetzt auf der Straße begegnen, gehen ihm einige
aus dem Wege, andere beachten ihn überhaupt nicht. — Er blickt
ihnen verächtlich nach, wirft sich nur noch mehr in die Brust;
tritt ein.)

Fleck
(ihm entgegen).

Min Beileed . . .

Piepers.

God. (Er steht in der Mitte, sieht sich, seiner Macht voll
bewußt, langsam um.) Mi het einer 'n Streich speel'n
wult, — aber — (kräftig) he is nich an den Rechten
kamen! (Soldwisch dreht ihm den Rücken zu.)

Dritter Bauer.

Wi weet all. — Dat wär man so de up=
stiegende Hitt.

Wirtin.

Ja, wat segg s' nich all von ein' hütesdags.
— Nirgends geiht bunter her as in 'e Welt.

Hinrich.

Un nirgens scheuner as bi de Diern int

Stroh! — (Er ſieht ſein Glas verdächtig an.) Wat? is dat all alls?

Piepers.

Kathrin, to drinken her! wi wölt hier nich verdosten. — Drinkt! un wenn Juch 't in 'e Kehl besteken bliwt.' (Er ſetzt ſich links.)

Hinrich.

Ick mein: Spaß mutt ſien bi de Liek, ſünſt geiht kein Minſch mit!

Wirtin.

Na, na. Sall Dien Mutter Di to Hus halen?

Hinrich.

Nee, Kathrin, ick ſlap bi Di! wi beiden ward 'n Por. (Lachen.)

Piepers
(lacht beſonders laut).

Dat 's god! — Ja, Hinrich hier is ok noch wat to halen.

Wirtin.

Ja! Mulſchelln ok! (Lachen.)

Block
(kommt, ſich die Hände reibend).

Dat wier wat.

Hinrich.

Aha! Dor kümmt all de Freiersmann.

Block.

Wat geiht Di dat an, Mulap!

Wirtin.

Fangt man kein Striet an. — Nu, het se Di de Krüw orlich bull schütt?

Block.

Se har bloß twei sure Gouskülen stahn...

Wirtin.

Wat? Un be het s' Di geben? De wull'n wi doch morgen... Nee! (Sie tritt mit dem Fuß auf.)

Block.

Dat is de Gouskülen doch ganz egal.

Hinrich.

Richtig! Zu sich nehmen fackelt nicht, in den Himmel, Amen! — Ick wull, ick har of ein.

Piepers.

Kathrin, bring uns mal 'n Dutzend her.

Wirtin.

Ja! (Schnell ab.)

Block.

Nanu? ick denk' Du hest kein miehr. (Droht ihr nach; setzt die nächste Weinflasche an den Hals.) Dat sall f' büßen! (Lachen.)

Wirtin
(kommt mit einer Schüssel Gänsekeulen zurück).

Da Jürd'n, de sind all fein dick word'n, dacht' ick gornich.

Piepers
(nimmt sich eine Keule).

N' Spintbrot her! (Schiebt die Schüssel dem zweiten hinüber, dieser, wenn er sich eine genommen, dem dritten Bauern, der dem vierten. Wirtin trägt die Schüssel dann an den Tisch rechts, wo Hinrich, Block und Goldwisch sitzen. Nur Goldwisch nimmt keine, er schiebt die Schüssel weg.)

Piepers
(braucht sein Taschenmesser, kräftig kauend).

Ick hew all drei Dag nichs ornlichs eten, dat kummt mi grad to paß.

Goldwisch.

Ha — sull mant woll glöben? Eben seih 'ck, wie dor ein up 't Amt halt ward — un jetzt deih he sick dick! Haha!

(Piepers blickt auf; will antworten.)

Dritter Bauer.

Fang' man kein Striet iehrst mit em an, de het son 'n Lütten . . .

Hinrich.

Is doch god — dat ick hüt mitgahn bin.
(Er nimmt eine Keule in die linke, Knust Schwarzbrot in die rechte
Hand und kaut mächtig.)

Soldwisch.

— Sall mi doch mal verlang'n, wat vör
Lögen dor weder utheckt sind. — Man ward 't
ja woll noch erfohrn. (Er stößt die Schüssel zurück.)

Wirtin
(fängt sie auf).

Mein Gott, seih Di doch 'n bitten vör.

Piepers
(ist aufgestanden; ruhig und ernst).

Ja! Dat kannst gliek erfohrn! Mi heb s'
ok kund dahn, werker dissen Breif schreben het.
Un an Di liggt 't jetzt, ob ick wieder wat von
de Sak maken doh. — Krischan, seih Di vör!
— Ick bin den Abend, wi 't bi mi Mod' is,
üm 'n Hoff gahn, un hew ok mal an' Duhr nah
de Waterstrat ruter käken. Rike käm, bi denn
Besap'n wull s' nich blieben, un ick kun s' doch
ierst recht nich bi Nacht int Starbehus rinner
laten. — Se füng' an to wein'n, gung aber ...
un — as se trüg käm, wiert gescheihn ...

Soldwisch.

Hahaha! Nu fehlt bloß noch de Geschicht,
wi de kolle Grund nah de Waterstrat kümmt.

Piepers.

Krischan!! (Faßt sich schnell.) Wat strie ick mi mit Di af — Rike het 't ja betügt. (Er setzt sich, nimmt wieder und ißt, es will ihm aber ersichtlich nicht schmecken. — Soldwisch macht sich immer breiter, lacht oft für sich und trinkt tapfer.)

Block
(hat die Schüffel in den Arm genommen, sich einen Löffel genommen und ißt Gelée).

Dat rutscht dahl, wi 'n Isklumpen.

Wirtin
(will ihm die Schüffel entretßen).

Nu freet mi doch nich al den Schilee ut. — Korl, Du bist so unnasch hüt.

Vierter Bauer.

Ja, ja — dat sull nu mal mallörn. — Licht warb ehr ja nich sien — so up 'n Hochtids= bag . . .

Piepers.

Hm — 't sull so sien. (Wirft alles auf den Tisch.) Weit de Deubel, dat 't mi nich smekt.

Dritter Bauer.

Wat het s' denn ok grot verlorn.

Soldwisch.

Nichs! Bloß 'n Mann! (Lacht; trinkt.) — Üm

vierteihn Dag ward ehr weder ein taudiktiert —
De Söhn kann dor sein uthelpen. Hahaha! —
Twei Höf sind doch beder as ein!

Hinrich.

Vierteihn Dag holt s' dat woll kum ut. Werker
springt in?

(Piepers wollte wieder auffspringen, aber Reuten beruhigt ihn. —
Block hat während dieses Gesprächs die Wirtin zum besten. Er
nimmt einen Löffel Gelee und hält ihn ihr hin; sie thut, als ob sie
es nicht sähe, er kommt ihr immer näher, sie lacht endlich auf und
dreht ihm den Rücken zu. Er ruft leise: „Kathrin" „Kathrin".)

Soldwisch.

Wenn s' so schön tügen kann, mot s' ok hexen
kön'n. — Wenn wi ehr 'n Strohkierl bringt, den
kann s' sick lebendig maken.

Hinrich.

Ja! bring w' ehr einen!

Dritter Bauer.

Na, na, makt man kein Dummtüg!

Soldwisch.

Dat is s' ok wiehrt, för ehr Lögen.

(Block ist hinter den Schenktisch getreten, winkt Kathrin. Sie schüttelt
mit dem Kopf. Er winkt wieder, sie fragt endlich laut.)

Wirtin.

Wat wult Du denn?

(Block gebietet ihr mit der Hand Schweigen; winkt dann wieder.)

Meuten.

Na, dat is doch ok bloß Spaß; se kann morgen fröh mit denn Strohwisch Für anmakn.

Vierter Bauer.

Se ward ja Spaß verstahn.

Piepers.

Ick verbeit 't Juch! Bringt mi nich up!

Hinrich.

Ach wat — 'n Diern de kein Spaß versteiht, ward nie 'n ornlich Husfru.

(Wirtin geht nun doch zögernd zu Block; er umfaßt sie täppisch, will sie küssen.)

Wirtin.

Korl, lat dat na.

Hinrich.

'n bitten Spaß möt sien, sünst is 't Dreck, dat ganze Leben!

(Block nickt hierzu, versucht sie zu küssen; sie wehrt sich immer nur mit den Worten: „Lat dat! Lat dat doch na!" ohne ihn sich bestimmt abzuschütteln. Sie legt ihm die Hand auf die Schulter.)

Wirtin.

Korl, lat dat doch. Du weißt, dat ick sowat nich hem mag.

(Block küßt sie endlich doch und hält sie nur um so fester.)

Soldwisch.

Ob Spaß oder nich: nu sall s' von mi 'n Mann hebben!

Wirtin
(ruhig).

Nu lat mi doch ok mal weder los. — Wat sall dat nu?

Hinrich.

Ja! wi bringt ehr Leben in 'e Bod! — Korl Block! Korl! — Wur is he denn nu?

Block
(schrickt zusammen; endlich).

Ja. (Kommt hervor.) Wat giwt? (Als auch die Wirtin hervorkommt, lachen alle auf) — Nu — nu? — wat sall ick denn?

Soldwisch.

Kathrin, hest Di de Knaken nich weihdahn? — in de harte Eck? (Alle lachen.)

Wirtin.

Dat geiht Di nichs an!

Meuten.

Verdefendier Di man. — Se lat 't sick ja all gefalln.

Soldwisch

(steht auf).

Korl, 'n Bund Roggstroh her!

Wirtin.

Nee! Ji sölt mi hier nich alls vullsaun.

Block.

Ja! ick hal 'n Bund (Droht.) Warüm hest Du mi ierst den Bubbel weg nahm 'n. Nu doh ick 't grad! (Staten ab.)

Wirtin.

Denn ward mi dat hier utseihn wie in' Swienstall. — Gaht doch dormit buten ruter.

Hinrich.

Kathrin, Du hest doch of giern 'n Mann.

Wirtin

(tritt mit dem Fuß auf).

Du sast Dien Mul holln! (Lachen.)

Dritter Bauer.

Bensch emt rut, Kathrin.

(Block kommt mit einem Bund Stroh).

Wirtin.

Bliew dormit buten, ick will son 'n Kram hier nich hem.

Soldwisch.

Her damit! (Er schiebt den Tisch zurück, daß er vorne Platz bekommt.) Hier smiet dahl! — Kommt, lasset uns Menschen machen.

Hinrich.

Ick hal 'n por Plün' — un 'e Larv. Juch! (Läuft ab.)

Block
(faßt die erzürnte Kathrin um den Leib).

Kumm, lat uns 'n lütten danzen. (Singt und zieht sie mit herum.)

Von' Schapstall nah 'n Swienstall
Sünd dat kein fif Miel?
Von' Schapstall . . . u. s. w.

Wirtin
(sträubt sich; reißt sich endlich los).

Lat mi los! — Wat 'n sick nich all in sien eigen Hus gefalln laten möt!

Soldwisch
(bindet eine Puppe).

Hahaha! De ward sick frein!

(Piepers hält sich nur noch mit Mühe auf dem Stuhl, Meuten erzählt ihm lachend. Sie trinken aber fleißig, besonders der letzte; auch Block und Hinrich sind stark angetrunken.)

Hinrich
(schwankt mit Hose und Jacke herein).

Juchhei! Nu het he f' all! nu he f' all . . .

Soldwisch
(zieht der Puppe die Jacke über).

Kiek, son 'n fein 'n Kierl! mit den kann
tügen!

Piepers
(erhebt sich; er zittert am ganzen Leib).

Krischan! — Krischan, ick segg Di: ick lat
mi nich miehr tum Besten hem! . . .

Block
(tanzt mit der Hose; singt).

Krumm Hinrich, krumm Hinrich
Het de Büchsen verlorn,
Bie 'n Thunknick, bie 'n Thunknick,
Achter Liemanns ehrn Gorn.

(Alles heiter, ausgelassen, bis auf Piepers. — Es wird allmählich
bunkler.)

Piepers.

. . . Ick segg Di: Du briggst de Popp nich
hen! Oder ick lat Di noch hüt abend hal 'n. —
Smiet dat Ding ruter! — (Wirtin bringt eine Lampe.)

Dritter Bauer.

Nu gew 't man up! — Krischan, Du weißt
mit den Brief —

Soldwisch.

Haha! Mientwegen könt s' mi hier von de

Stell weghaln! Denn bin ick sicher vör gewisse
Lüt, de mi den Bregenkasten inslan muchen.

Meuten
(hat sich eine Pfeife angesteckt; singt ungestört für sich, dazwischen
rauchend).

Krumm Hinrich (raucht) krumm Hinrich
Het de (raucht) Büchsen verlorn, (raucht)
Dor achter, dor (raucht) baben
Achter Liemanns (raucht, stößt mit dem Finger
in die Pfeife) ehrn Gorn.

Piepers.

Nimm Dien Wür in acht! segg ick Di! Ick
hew noch kein' den Bregenkasten inslan.

Vierter Bauer
(nähert sich Kathrin; singt).

Schneid' mir alle, alle meine Rippen aus,
Mach' mir lauter schöne Even draus.

Wirtin.

Na nu is 't aber hoch Tid, dat Ji ruter
kamt! — all heb s' 'n lütten weg.

Block
(ist hinausgelaufen, torkelt jetzt mit einer gelben Wurzel in der Hand
herein).

Hier! 'n Näs'!

Soldwisch
(hat die Puppe fast fertig).

Gah weg hier.

Block.

'n Mann un kein Näs' is garnichs! (Er ißt mit komischem Trotz die Wurzel.)

Piepers.

Korl Block! Dat Du mi nich be Popp an= fötst!

Block
(effend).

Ah — wat kann s' mi denn dauhn?

Hinrich.

Hier is 'n Hout. (Er nimmt Piepers' Cylinder und setzt ihn der Puppe auf.) Hallo! De glitt dahl. (Lachen. Stimmen durcheinander.)

Piepers
(außer sich; springt dazwischen, will Hinrich packen).

Ji — ji weit woll nich miehr, mit wem Ji 't to dauhn hebt?!

Dritter Bauer
(hält ihn).

Jürb'n! Jürb'n! De sind doch all besap'n! — Lat s' doch speeln.

(Draußen windiges Herbstwetter.)

Piepers.

Aber nich mit mi! (Er will seinen Hut nehmen.)

Soldwisch
(packt seinen Arm).

Weg hier! (Sie stehen sich einen Augenblick Aug' in Aug' gegenüber. — Piepers in zitternder Erregung will ihm plötzlich an die Kehle.) Unnerstah Di! (Soldwisch wirft ihn zurück.)

Piepers
(steht in der Mitte, mit drohender Faust).

De Hoff is mien! Un wer mi bi Rike up 'n Hoff kummt, de sall mi ken'n liern! Ick wilt Juch wiesen! Nehmt Juch in acht!!

Soldwisch.

Ja! wi nehmt uns vör de Trepp in acht! Hahaha!

(Piepers will auf ihn stürzen.)

Dritter Bauer
(wirft sich ihm entgegen).

Jürd'n! sie nich narrsch! Jürd'n!

Piepers
(will ihn sich abschütteln; schreiend).

Ick bin kein Verbreker!! Ick lat mi dat nich seggn!

Wirtin.

Gah man, Jürd'n! gah — de weet ja garnich wat se seggn dauhn. (Sie drängt ihn mit dem dritten Bauer hinaus.)

Dritter Bauer.

Mak kein Dummheiten, kumm!

Piepers.

Kamt mi bloß up 'n Hoff!! (Beide ab.)

(Goldwisch hebt die Puppe. Alles auf die Beine, trinken noch kräftig einen.)

Hinrich

(singt).

Vöran de söte Goldwisch.
De brigt de dralle Popp!

(Block stimmt ein und so nacheinander.)

Alle: Un wi sind de Musikanten,
Wi speelt 'n lütten op!
De Rike klein,
Is ganz allein,
Se hat ja nu kein Mann!
Se ward sick frein,
Wi bringt ehr ein,
De die ehr slapen kann!

(Goldwisch mit der Puppe zum Ausgang; alle torkeln ihm nach. Block entreißt der Wirtin eine Flasche, singt dabei immer lauter. Als diese sie wieder haben will, faßt er die Wirtin um, küßt sie. Sie schreit: „lat dat!" „lat dat!" — Die andern unter Singen, Lärm und Lachen ab.)

———

Verwandlung.

Zimmer bei Agrim.

Mäßig tiefer Raum. Thüren links und rechts: links hinten Fenster. Alte Bauernmöbel. Es sieht nicht sehr ordentlich aus. Der Großvaterstuhl ist zerpflückt. Über dem Tisch eine weiße Decke, die nach der Mitte zusammengeschlagen ist.
Die Lampe brennt.

(Rike sitzt weinend am Tisch. Seraphine steht neben ihr.)

Seraphine.

Wenn Du es so fort machen willst, reibst Du Dich auf, Rike. Das geht nicht. — Komm, den Kopf hoch: — Ich will es Dir ja glauben, daß es schwer für Dich ist, allein hier zu hausen — kommst zu mir!

Rike.

Ach — — ich — — — — Wenn es nun doch vors Gericht kommt?

Seraphine.

Unsinn! Auf diesen gemeinen Brief hin? Nichts als ein schmutziger Racheakt von diesem Menschen. Darüber kannst Du ganz ruhig sein. — Weißt Du, ich schick' hier jemanden her, unsern Inspektor Voß, der hält es hier so lange aufrecht. Und Du kommst mit und bleibst bei mir, ruhst Dich aus — oder thust was Du willst. Wir wollen es uns recht gemütlich machen.

Rike.

... Ach — ich möcht' am liebsten hier weg — in die Stadt, oder wo sonst ... Nur nicht hier bleiben!

Seraphine.

In die Stadt kannst Du auch, aber nicht allein. Wir fahren zusammen hin auf ein paar Tage. — Weißt Du, was wir da wollen? — — Nein! zuerst trockne mal ordentlich Dein Gesicht; so ... (Sie setzt sich neben sie.) — Nun? — rat' mal! — — Einkaufen für meine Aussteuer!

Rike
(blickt groß, angstvoll).

— — Du — — Du hast Dich verlobt?

Seraphine.

Ja. Aber ich wollte nicht, daß es schon be= kannt wird, das geht doch jetzt nicht. — Doch rate mal: mit wem? — — Nun? — —

Rike
(gespannt).

— Ich — ich weiß nicht —

Seraphine.

Du kennst ihn.

Rike.

Ich ... weiß wirklich nicht.

Seraphine.

Mit Adolph — Adolph von Bronshagen! — Na, was sagst Du nun? —

Rike

(erst einen Augenblick stumm, atmet tief; fällt ihr dann aufschluchzend um den Hals).

— Ah! — Seraphine — —

Seraphine.

Rike! — Darum brauchst Du doch nicht so zu weinen.

Rike

(richtet sich auf; trocknet die Thränen).

— Ich — freu' mich ja — mit Dir.

Seraphine

(umfaßt und küßt sie).

Das wußt' ich ja — Du — Rike. — Nur nicht den Mut verlieren. Du! — (Springt auf.) Ich will nur gleich mit Papa sprechen, er wird den Voß schon hergeben. Dann instruierst Du ihn gleich ein bißchen und gehst noch heute abend mit mir. — Nicht Du? — Also hübsch den Kopf hoch! — Du! — (Küßt sie.) Adieu so lange. (Ab rechts. — Draußen kreischt eine Eule auf. Man hört ihren Ruf hin und wieder.)

Rike

(fitzt eine Weile stumm und starrt vor sich hin. — Bricht plötzlich in Thränen aus; wirft den Kopf auf den Tisch. — Blickt dann nach oben, krampfhaft die Hände gefaltet).

O, Gott im Himmel! Vater hat's doch auch nicht gethan! Er hat's doch wirklich nicht gethan! Und ich hab' nicht gelogen. — (Sie weint wieder, den Kopf auf dem Tisch. Johann ohne Hut, mit zerzausten nassen Haaren, tritt rechts ein. Sieht sich mit großen, schmerzvollen Augen ringsum. Hört und erblickt Rike.)

Johann

(geht langsam zu ihr, legt seine Hand auf ihr Haupt. Sie zuckt heftig zusammen, blickt auf).

Du weißt es schon — Rike?

Rike.

— — Was — was — soll ich wissen?

Johann.

Agrim ist tot!

Rike

(starr, preßt beide Fäuste gegen das Gesicht; bricht endlich verzweifelt los).

O Du mein Gott! (Weint und schluchzt. — Johann geht eine ganze Weile unruhig hin und her, zuweilen auf Rike blickend. — Die Eule stößt schreiend gegen die Scheibe.)

Johann

(nachdem Rike etwas zur Ruhe gekommen).

— Und ich bin gekommen — um von Dir zu erfahren, ob mein Vater daran unschuldig ist. — Ich will es wissen! Ich muß es wissen!...

Jetzt! zu dieser Stunde! Und Du wirst mir antworten! — — Zuerst sag' mir: wieviel Geld war es? — Da — die Sache mit Agrim und dem Vater?

Nile.

— Laß doch — Johann, das ist doch vorüber, — das ist ja nun alles nicht zu ändern. — Er wird es ja wieder gut machen. — —

Johann.

Am Toten?! — — (Gehend.) Als ich an jenem Abend mit dem Arzt zur Mutter kam, versicherte er, es sei der Tod vor mehr als zwei Stunden eingetreten. — Da war ich noch auf dem Hof. Da wollt' ich noch zur Mutter gehn und er ließ mich nicht hin! Siehst Du: Das konnte Vater!! Die eigene Frau tot wissen! und auf die Hochzeit gehn!! Ah! (Faßt sich nach dem Kopf.)

Nile.

Nein, das kann Vater nicht gewußt haben. — — Er hat gewiß auch geweint — aber nur — wenn ihn keiner gesehn . . .

Johann
(steht vor ihr; bestimmt).

Sag'! hast Du am Dienstag Abend gehört, wie er dem Agrim gedroht?

Nike.

Nein — nein! Das hab' ich ganz gewiß nicht gehört.

Johann.

K a n n er denn nicht etwa — ihn hinunter gestoßen haben?

Nike.

Ach! — geh' doch! — Ich weiß es nicht! — Ich weiß nicht!

Johann.

Das ist immer dieselbe Antwort. (Geht wieder.) Dann will ich Dir sagen, was Du wissen mußt. — Seraphine erzählte: Du wolltest noch in der= selben Nacht von Agrim fort. — Weißt Du d a s noch?

Nike.

— Ja — — aber laß doch — — Du quälst mich! — — frag' mich nichts. (Will gehen.)

Johann.

Gut! Bleibe stumm und verstockt! ich aber will denken, daß eine, die Mutter liebte, es nicht wert war!! — (Nike sinkt weinend auf den Stuhl zurück. — Nachdem er eine Weile gegangen, vor sie hintretend.) — Warum wolltest Du gehen? (Sie schweigt.) Warum wolltest Du fortgehn?

Rike.

— Ich — ich hatte ihm alles erzählt — mit uns. — Ich glaubte — er würd' mich dann freilassen. — Aber Vater wollte da sofort seinen Hof nehmen — und Du solltest nicht eher zurück= kommen — zu Mutter — bis wir in der Kirche aufgeboten worden. — — Und Mutter war so krank — sie rief nach Dir — (weinend) mich hat Vater ja nicht hingelassen. — — Ich hoffte ja immer — immer, sie würde noch wieder gesund werden — — ich that alles — alles . . .

Johann
(in unterdrückter Wut, die Fäuste ballend).

O Vater! Vater! — (Sich beherrschend.) — Doch das ist nun nicht mehr zu ändern. — Aber Du bliebst, wann erhieltest Du Nachricht von Agrims Sturz? — (Rike schweigt.) — Wo warst Du, als Du davon hörtest? — Rike! wo warst Du?!

Rike.

Ich — ich war noch nicht fort.

Johann.

Hattest Du schon mit ihm gesprochen? ihm

gesagt, warum Du gehen wolltest? — — So antworte doch! Mädchen!

Rike.

Ja, kurz vorher.

Johann.

So — und als Du gingst — begegnete Dir . . .? wer?

Rike.

— — Ich blieb ja . . .

Johann
(aufmerksam, tritt dicht an sie heran).

Ja so — doch weil das Unglück geschehn — (Bedeutend.) Rike! es geschah als Du gehen wolltest! — (Heftiger werdend.) Und wen sahst Du? — Antworte! antworte! Du sahst jemand?

Rike.

— Es war ja so dunkel — —

Johann.

Dennoch! Dennoch! Du hörtest wen?

Rike.

— Es war doch Gewitter . . .

Johann.

Ah! weich' mir nicht aus!! — Du sahst ihn?!

Rike
(steht auf, will hinauslaufen).

— — Ach — Johann —

Johann
(faßt sie am Arm und zieht sie zurück).

Bleib' und antworte! sag' ich! (Er bleibt fest vor ihr stehen und läßt sie nicht mehr los.) Er wurde hinab=
gestoßen?! Und Du sahst den, der es that? —
Du sahst Ba ... (Bringt das Wort nicht über die Lippen.)
Er war's!! (Er dreht ihren Kopf gegen sich, Gesicht gegen Gesicht.)
Sieh mir in die Augen! Er war's!!

Rike
(am ganzen Leibe zitternd).

— Ich — ich weiß nicht — ich weiß es
nicht —

Johann.

Lügen! Lügen! — Bei meiner Mutter! bei
der Toten, die Dich liebte: Er war's, der mein
Vater heißt!! — Und nun wag' nein zu sagen!
— — Sag'! ...

Rike
(macht eine Bewegung, als ob sie sprechen wolle; es erstickt unter
Schluchzen).

Johann

(in höchster Wut, seiner selbst nicht mehr mächtig).

Wahr! also wahr!! (Läßt sie; schüttelt die Fäuste, erzittert vor Wut.) **Ah!!! — Der...!!!** — (Will dann plötzlich abstürzen.)

Rike

(sinkt vor ihm nieder; umklammert verzweifelt seine Kniee).

Johann! Johann! Besinn' Dich! Vater hat ihn doch nicht hinab gestoßen. — Er wollt' ihn nicht durchlassen — sie haben gerungen und er ist gefallen! — Johann! Johann! streck' nicht die Hand aus gegen Deinen Vater!

Johann.

Geh fort! — fort hier! — Laß mich! Was hatte er dort zu suchen?! — Weg!! (Stößt sie zurück; ab rechts.)

Rike

(bleibt auf den Knieen; schreit ihm nach).

Johann! Johann! Denk' an Deine Mutter!! — (In der Ferne hört man die Bauern mit der Puppe. Singen, erst schwach, dann ganz allmählich anwachsend: Böran de söte Soldwisch, de drigt de dralle Popp! Un wi... u. s. w. - Rike hebt die gefalteten Hände empor.) Gott im Himmel! wende das Unglück ab! Ich bitt' Dich! allmächtiger Gott! Laß sie sich nicht begegnen! Laß sie sich nur...

(Alles sehr schnell.)

(Pieyers stößt links die Thür auf. Ohne Hut, abgehetzt und in Wut.)

Nile.

Vater! . . .

Piepers.

Lang' mi 'n Bessensteel her! oder 'n Fork!
Ick will s' von Hoff bensehen! — To! snell 'n
Stück Dings her!

Nile
(ist aufgesprungen, umklammert ihn).

Vater! Laß Dich nicht sehen von Johann!
Er sucht Dich!

Piepers.

Watdenn? — Wat will he? — Heft kein
Fork hier? — Man gau! man gau!

Nile.

Bleib' hier, Vater! Versteck' Dich! Johann
ist so aufgeregt! — Er . . . er weiß alles! —

Piepers.

Wat?! — wat weit he?! — Heft Du —?
heft . . .

Nile.

Ja, Vater! ich konnte nicht anders!

Piepers.

Du heft . . .?! — Du heft . . .?! (In höchster

(Bat auf sie losstürzend.) Diern! Du hest em dat seggt?!!
— Du hest em dat seggt?! — Du! — Du — —

Rike
(aufkreischend).

Bater! — Bater! — — Bater!

(Johann links wieder herein, ihm folgt der dritte Bauer. — Das Singen ist sehr laut und ganz in der Nähe.)

(Was nun folgt, in rasender Eile!!!)

Johann.

Hier soll ...? (Sieht, wie der Bater Rike gepackt hält, stürzt auf ihn.) Du erbärmliche Kanaille!! (Faßt ihn um den Leib, hebt ihn hoch.) In den Sod mit ihm!! (Ihn zur Thür rechts schleppend.) In den Sod mit ihm!! In den Sod die Kanaille!!

Piepers.

Lat mi los! — Lat mi los!

Rike
(wirft sich ihm vor die Füße).

Johann! — Hör' doch! Johann!

Dritter Bauer.

Hür up, Jan! (Stellt sich ihm in den Weg.)

Johann.

Weg da!! — Laßt mich durch! — Weg!! —
In den Sod ...

Piepers.

Lat mi! — Ick segg Di: lat mi los!! (Er kriegt den linken Arm los.) Jan! Du sast mi loslaten!

Johann.

Zurück!! — Weg da!!

Piepers

(zieht das Messer aus der Tasche und sticht es Johann in die rechte Schulter).

Du sast doch hürn!!

Rike.

O Gott! o Gott! —

Johann

(schreit auf; sein rechter Arm sinkt).

Ha! (Er greift mit der Linken an Piepers Kehle, sinkt dann zusammen. — Links brechen unter Singen und Lachen die Bauern herein. Soldwisch mit der Puppe voran.)

Soldwisch

(Rike, die die Hände vors Gesicht geschlagen, die Puppe zuwerfend).

Da! 'n Freiersmann!

Piepers

(bricht neben Johann nieder, sucht mit zitternden Händen nach der Wunde).

— Jan! — Jan! — — Jan! — —

(Die herein gekommenen Bauern schweigen, draußen wird das Lied von wenigen Stimmen fortgesungen.)

Johann.

— — ist recht — — werb' an Deinem Sohn — — zum Mörder! — —

(Tiefe Stille!)

Nile.

Vater! Vater ... (Sie springt auf, geht und kommt gleich mit einer Schüssel Wasser und Leinen zurück.)

Piepers.

— Jan! — Jan! — Jan! — —

Block

(hat sich in seiner Besoffenheit verwundert umgesehen; faßt die Stroh-
puppe am Bein und zieht sie hinaus. singt):

Du hest den Hamel den Bein utreten, den Bein utreten, den Bein utreten! Du hest den Hamel den Bein utreten ...

Vorhang.

Fünfter Akt.

Zimmer Johann Piepers.

Weit und geräumig. Alles gute Bauernmöbel, doch nichts auf seinem Platz. Rechts ein Fenster, davor ein Sofa; hinten links eine Thür, rechts ein Fenster, links vorne mächtiger Kachelofen. Davor liegt auf dem Boden Holz, Schaufel und Preßkohlen. In der Mitte Tisch und einige Stühle. Die gestickte Tischdecke liegt unordentlich über eine Stuhllehne. Auf dem Tisch Petroleumofen und Kessel.
Es ist Nacht, die Lampe auf dem Tisch brennt nur halb. Mit dem Aufgehen des Vorhangs hört man den Nachtwächter hinter der Scene.

Blasen: **Tut! Tut!**

Singen: **De Klock het fief slag'n!**
Ihr lieben Christen seid munter und wach,
Und lobet Gott, den Herrn.

Blasen: **Tut! tut! tut!**

Singen: **De Glock het fief slag'n!**

(Johann, mit verbundenem rechten Arm und Schulter liegt in Decken auf dem Sofa. Rike davor im großen Lehnstuhl.)

Johann
(wälzt sich phantasierend herum, erwacht vom Ruf des Nachtwächters).

— — Ist — der Vater —? — — Wo
— — (Tastet mit der Linken.) — wer ist da? — nie=
mand? — niemand? — (Will sich aufrichten.)

Nite
(springt auf; drückt ihn zurück).

Johann! — Johann ruhig! — — Ich glaube
wirklich, Du hast geschlafen. — So bleib' noch
liegen, sei ganz ruhig — versuch', ob Du noch
schlafen kannst. — Das hilft mehr als alle
Medizin. — (Sie zündet den Petroleumofen an und setzt den
Kessel auf.)

Johann.

— Sag' — hat er es nicht sagen können
— wer es gethan — Dein — Dein Mann? —
Ist Vater zum Gericht? — Er muß gehen! er
soll gehn!! (Er richtet sich erregt auf.)

Nite
(beruhigt ihn).

Gewiß Johann — Vater wird schon gehn
— er hat die Vorladung schon gesehen. — Aber
sprich doch nicht davon, Du darfst Dich jetzt nicht
aufregen. — Bleib' doch wieder ruhig — ich
hab' mich schon so gefreut — —

Johann
(ruhiger).

— — Er ist begraben — wie jeder andere
— die Glocken haben geläutet — —

Nite.

Sprich nicht davon — schlaf' doch — Johann,

bitte! — Wenn Du nur bald aufstehn kannst.
— Sei ganz ruhig — schlaf' jetzt. — Dann
wird ja alles wieder gut. (Sie legt ihre Hand auf seine
Stirn. — Man hört das Pfeifen des Windes.)

Johann
(im Halbschlaf).

— Was? — was ist das? — Hm —
was — —

Nile

Der Wind — es ist ein entsetzlicher Schnee=
sturm draußen. — Hör', wie sogar die Fenster
klirren. — Soll ich's verhängen?

Johann
(hält ihre Hand).

— Nein, bleib! — Es ist so schön... —
Schnee... alles weiß... so schneeweiß... (Er
schläft ein.)

Nile
(zieht nach einer Weile leise ihre Hand fort; betrachtet ihn).

— Er schläft! — Wenn er nur nicht wieder
so schrecklich phantasiert. — (Sie legt sich in den großen
Stuhl zurück.)

Johann
(im Schlaf).

— Sieh — der Schnee — — er wächst —
weiß — alles schneeweiß — — (Es verliert sich in
unverständliches Gemurmel.)

Nike

(faltet die Hände).

O Gott! laß ihn bloß wieder gesund werden!
— Ich will auch alles thun, alles! Und will
Dir ewig danken! — (Sie betet das Vaterunser, leiser
werdend; legt den Kopf zurück und schläft dabei ein.)

(Die Thür geht sehr langsam und leise auf. Piepers erscheint. Er
trägt einen langen Sack über Kopf und Schulter, der dick voll Schnee
liegt.)

Piepers

(sieht sich um, und tritt sachte näher, nimmt den Sack ab und legt
ihn hinter den Ofen. Er geht dann — behutsam jedes Geräusch
vermeidend — zum Sofa, betrachtet Johann, horcht auf seinen Atem).

— — He slöpt! — ruhig un fast! — —
Ein möt sien — för den, — ein will unf' Herr=
gott hem: mi oder em! — — He lewt — denn
gah ick! — — Aber he ward doch leben?! —
twei — twei is be nich wiert, be nich! — —
Gewiß Jan ward blieben! — deß hier (Nike) ward
em all trecht pleegen. — He hohlt son 'n sachten
Atem — dat is 'n gesun 'n Slap. — — Gob
— ick will 't betahlen!! — — — (Er nimmt einen an
der Wand hängenden Rock und deckt ihn Johann noch über. — Betrachtet dann mitleidig Nike, ihr Haupt liegt auf der harten Lehne.
Er schüttelt den Kopf, geht zu Johann und zieht ihm von den zwei Kopf=
tiffen das untere fort.) — Oll lütt Diern — hest so
lang' kein Slap kreegen. — (Er hebt mit äußerster Vor-
ficht ihren Kopf und schiebt das Kissen unter.) — Nu slap

man — flap man. — — Hier is dat of jo kolt
as in Hun'stall! — —

(Es wird ganz allmählich heller.)

— Na — 't fchient jawoll Dag to ward 'n
— da ward dat Sauweder woll bald uphörn. —
(Er geht an den Ofen und legt Feuer an.) — Daröber is f'
jawoll inflap'n — fünft har f' dat doch nich
liggen laten. — Verflucht, dat weißt ja noch, as
full 't uns de Kat ümfteuten. — — So, nu
ward 't doch warm ward'n. — (Wenn das Waffer im
Keffel zu kochen anfängt, dreht er die Flamme kleiner. — Sieht auf
Rike.) — De Diern möt doch friern ward'n fo. —
(Er nimmt einen Rock und deckt ihn Rike über die Knie. Sie bewegt
fich, er geht schnell ein paar Schritt zur Thür und dreht ihr den
Rücken zu.)

Rike

(erwacht; fieht fich um).

— Vater! — Was foll der Rock?

Piepers.

Dat fragft mi? Bift woll mall! — kam
eben nah de Dör rinner.

Rike

(ftößt den Rock beifeite; geht zu ihm).

— Vater! — weißt Du von dem Brief —
vom Gericht? (Weinend.) Was wird nun bloß
werden? —

Piepers.

Lat man. — Id weit Bescheid.

Rike.

Gehst Du? —

Piepers
(bestimmt, aber nicht hart).

— Id weit woll wohen mien Weg geiht! —
Lat' doch Dien Quarken un wed den Jung nich up!

Rike.

— — Aber Vater, Du — Du willst Dir
doch nichts anthun? — Vater —? Sag'! —

Piepers.

Wat gah id Di an?! — Hest Du nich bor
Dien Deil?

Rike
(faßt seinen Arm, lehnt sich an ihn; weinend).

Ach Vater! — thu es nicht! — bitte, bitte!
— Vater! — es kann ja ...

Piepers
(schiebt sie weg).

Ruhig! man ruhig! — id gah upt Gericht!
— — Wat id dahn hew, däh id för mien 'n
Söhn — id dacht: wenn id twölf dusend Rauten

hew, is mi leiber as ein. — Aber — Jan is
nich ick! — he het wat von sien alltogode Mutter.
— He wull nich — lat em! — mient wegen
kann he sien ganzen Hoff verschenken! — Mi
salt nichs miehr kümmern — — (Zeigt nach dem
Fenster rechts.) Tucht dat dor nich dorch? — 't warb
ok to hell.

Rike
(sich die Augen trocknend)

— Wir können ja etwas vorhängen. (Er hilft
ihr den Rock in halber Höhe vor dem Fenster anbringen. — Es ist
so hell geworden, daß man durch das zweite Fenster hinten den Schnee
fallen sieht.)

Rike.

Es hat doch schon eine Menge nachgelassen
mit schnein. — — Willst Du jetzt erst Kaffee?

Piepers.

Nee, ick brug kein' mehr. (Er betrachtet schweigend
Johann.)

Rike.

Willst Du — heut' morgen schon gehen?

Piepers.

— Ja — glieks in 'e Minut. — (Er geht zögernd
zur Thür.) — Ick — Ick hew Di ja mänichmal
weihdahn — — lat 't nu man so gob sien. —

Holl Di man god fast — an den dor — —
un denn — — gah ok mal — — nah — Mutter
ruter. — De het 't beder. — — Nu, Diern,
hul doch nich so, Du weckst ja den Jung up. —
Slap deiht em nödig!

Rike.

— Vater — es ist ja so schrecklich — kann
ich nichts für Dich thun? — — Muß ich nun
auch aufs Gericht?

Piepers.

Nee, nee — ick will 't all maken, dat s' Di
tofreeden lat. — Un — Krischan Soldwisch föt
den Hoff an — dor buten — — lat 'n em man
so — ick hew 't all in 'e Reig makt —

Rike.

— Wie ... wie lange — wirst Du wohl
dort bleiben? ... Ich will immer für Dich beten,
Vater!

Piepers.

Is god — is god! Aber weeß bloß still!
— Warst mi woll bald weder seihn. — — Dat
ward Dag — ick möt gahn. — — Nee kumm
mi nich an — ick bin — — aschüs! — (Er
will gehen.)

Nile.

Vater! (Sie reicht ihm die Hand.) Ade! — So gieb
mir doch die Hand. — Vater —

Piepers

(will ihr erst die Hand geben, zieht sie zurück).

— — Lat man — — (Schnell ab.)

(Nile steht einen Augenblick starr, wendet sich dann langsam um und
geht zum Sofa. Sie sieht Johann lange an und bricht dann plötzlich
in Weinen aus. Als Johann hiervon erwacht, trocknet sie sich schnell
die Thränen.)

Nile

(beugt sich über ihn).

Diesmal haft Du doch nicht so schrecklich ge=
träumt. — Du lagst ganz still.

Johann.

. . . Doch geträumt, . . . aber nichts schreckliches.
— — War Vater da? —

Nile

(weicht aus. Während sie an den Tisch geht und die Lampe ausbläst).

Sieh', das Wasser kocht ja schon lange —
da will ich erst Kaffee machen. — Du sollst
Dich doch nicht aufrichten!

Johann.

War der Vater noch nicht da?

Rike

(ſtreng).

Leg' Dich hin, Johann! (Leichthin.) — Ja, erſt
— ging aber gleich —

Johann.

Hat er ...

Rike

(ſchneidet ihm das Wort ab).

Einen Augenblick bleibſt wohl allein? (Schnell
ab; nach einer Weile mit Mühle und Kaffeekanne zurück.)

Johann

(ſobald ſie eingetreten).

Hat der Vater etwas geſagt? — Iſt er ...

Rike

(Kaffeebohnen mahlend).

— Ja — ein bißchen geſprochen — iſt aber
gleich fortgegangen. — Aber erzähl' mir mal
Deinen Traum! — war er ſchön? — zu!

Johann.

Ach — ich weiß nicht mehr. — (Er hebt den Rock
vor dem Fenſter, ſieht hinaus.) — Ja, ſo eine weiße end=
loſe Schneefläche ſah ich vor mir. (Es iſt ganz hell
geworden und hat mit ſchneien aufgehört. Man ſieht durch das hintere
Fenſter den Hof und Sträucher mit Schnee bedeckt. Im Hintergrund
die Scheune.) — Aber glitzernd — tauſendfach —
wie bei ſtarkem Froſt — in klarer Vollmondnacht.

— Und doch schien kein Mond — es leuchtete der Schnee — blauweiß — alles! — Als ich länger darauf sah — stieg es mir an die Aug' — dehnte sich — hob sich, und mich mit. — Alles Drückende, Lastende fiel von mir — mir ward so leicht — als würd' ich getragen — und doch: als trüg' ich alles ...

Rike
(hat gleich bei seinem Erzählen mit mahlen eingehalten, ihm den Rücken zugedreht und sich öfters die Augen gewischt).

— Dann wirst Du nun auch bald besser.

Johann.

Das hoff' ich. — Ich muß leben! Ich habe noch viel in Ordnung zu bringen. Ich muß ...

Rike
(unterbricht, mahlend).

Du, Johann, weißt Du — nächsten Sonntag gehen wir zusammen in die Kirche. Schade, daß wir heute noch nicht gehen können. — Es ist ein so schöner, ernster Sonntag heut', — so recht für etwas — Heiliges. — Ich möcht' heut' wirklich beten. — (Sie ist dem Weinen nahe, rafft sich schnell auf.) — In unserer Kirche wird jetzt sogar geheizt.

Johann
(hüllt sich tiefer ein).

In der Stube dafür nicht.

Rike.

Ach. (Springt auf.) — Aber! — sieh doch bloß, das Feuer brennt! — — Hab' ich das — —?

Johann.

Merkwürdig — das mußt Du doch wissen.

Rike
(schnell).

Dann wird es ja gleich warm werden! — Ja — ja — ich weiß jetzt. — Mir ist so — (Geht sinnend ans hintere Fenster.) — — Mir ist so sonderbar — so eigen zu Mut'. — (Sie sieht träumend hinaus. Die Kirchenglocken beginnen zu läuten.) — Hör' nur, jetzt wird vorgeläutet. — — Es ist ein zu schöner Wintertag — mir ist jetzt — als hätt' ich Deinen Traum — — (Sie geht ergriffen an den Tisch. Während sie Kaffee bereitet.) Wer wohl zuerst Glocken für die Kirche gewählt haben mag? — es ist einem da immer, als würde man von dem tiefen Klang hineingezogen — man kommt nicht los. — — Früher müssen die Leute doch klüger gewesen sein, — früher wurde all' das Große, Herrliche geschaffen und erdacht, was man heute nur bestaunen kann. — — (Blickt auf.) Johann, schläffst Du?

Johann.

— Nein — aber mir ist so traumhaft, so eigen, — — ich mag kaum den Mund aufthun. (Es ist still geworden. — Durch das Fenster am Sofa scheint die Wintersonne mit einem leichten rötlichen Schimmer.)

Johann.

Nimm den Rock fort. (Rike thut es.) — Ah — (Bedeckt die Augen.) — Wie der Schnee blendet.

Rike.

Soll ich wieder vorhängen?

Johann.

Nein — nein — laß nur. — (Er sieht hinaus. — Rike ist an den Tisch getreten, gießt Kaffee ein.) Rike — — Rike! —

Rike.

Ja. — Soll ich Dir den Kaffee auf den Stuhl stellen?

Johann.

Nein — ich mag noch nicht. — Komm mal her.

Rike.

Ja. (Geht, beugt sich über ihn. Er gleitet mit der Linken über ihr Haar.) — Was denn, Johann?

Johann.

— Du siehst garnicht wohl aus. — Hast Du geschlafen?

Rike
(kniet vor dem Sofa).

Ja.

Johann.

Lügst Du?

Nike.

Nein, nein; wirklich Johann, ich hab' geschlafen.

Johann.

Zwei Minuten die Augen geschlossen?

Nike.

Viel wohl nicht, aber ich komme doch damit aus. — Wenn nur Du bald wieder gesund wirst! — Fühlst Du Dich besser?

Johann
(richtet sich auf).

Ja. (Er zieht ihren Kopf an seine Brust, sieht eine Weile auf sie herab und küßt sie.) Nun brauchst Du nicht mehr bei mir zu wachen.

Nike
(umfaßt ihn).

Ich thu' es ja gern, Johann.

Johann.

Gehst Du heut' noch zu Seraphine?

Nike
(will sich los machen).

Wenn Du mich los sein willst.

Johann.

Du . . .! (küßt sie.)

Nile

(blickt lächelnd zu ihm auf; berührt mit dem Zeigefinger der Linken
leicht seine rechte Schulter).

Thut das noch weh — Johann, wenn ich so
darauf tippe?

(Johann schüttelt lachend den Kopf. — Es beginnt das zweite Läuten.)

Johann.

— Ich möchte wohl in die Kirche gehn.

Nile.

Nein, heut . . . (Horcht auf.)

(Die Kinder singen in der Ferne zu dem Geläut das Glockenlied. Das
Singen wird allmählich lauter; zwei, drei Stimmen singen immerfort
nur: „Bim-Bam!"   Chor:

Bim-Bam! Bim-Bam!
Wenn Snei un Küll in Winter kam 'n,
Krupt Brutlüd achtern warmen Aben.
Bim-Bam! Bim-Bam!
Se sitt sick mit de Dogen giern
Un spreekt von friern un Kindelbiern.
Bim-Bam! Bim-Bam!
As Jung vor sall he Janting heiten,
Niling, is 't 'n lüttes Mäten.
Bim-Bam! Bim-Bam!

Sie werfen mit Schnee gegen das Fenster. Lachen und Kreischen;
einige aber immerfort: „Bim-Bam!"   Es fangen alle jubelnd wieder
von vorn an und werden immer leiser.)

Nile

(drückt sich fest an Johann lächelnd).

Die Kinder . . . (Küßt ihn.)

Johann.

Sie haben aber doch nicht recht — wir

reben ja garnicht vom — frein. — Du willst mich auch wohl garnicht?

Rike.

Sei nicht dumm! — Johann — ich — ich kann es Dir ja garnicht sagen, wie . . .

Johann.

Denn laß es nur lieber.

Rike

(schmollend; macht sich los, steht auf).

Wenn Du mir nicht glaubst — denn kannst ja . . . (Steht abgewandt.)

Johann

(ruft leise).

Rike — Rike — Rike! — oder willst Du mir nicht antworten?

Rike

(wendet sich halb zu ihm).

— Ja —

(Es hört zu läuten auf und man hört ganz leise das Vorspiel zum Gesang: „Ein feste Burg".)

Johann.

Komm mal her — Rike.

(Sie geht langsam, den Blick zu Boden. — Es fällt ein Schuß. — Rike stürzt aufkreischend vor dem Sofa in die Knie, die Hände gefaltet, das Gesicht in die Decken vergrabend.)

Johann.

Was ist das? Rike, was hast Du? — Was

ist Dir? Mädchen, so antworte doch! — Was
ist Dir? ... Rike!? ...

Rike
(hebt endlich den Kopf; thränenden Auges).

Ich bete für Vater ...

(Sie birgt weinend das Haupt wieder in die Decken.)

Johann
(blickt starr, tastet dann mit der zitternden Linken nach Rikes Gesicht).

... Rike ... Rike ...

(Mit brausender Kraft wird in der Kirche der Gesang gesungen.)
Ein feste Burg ist unser Gott!
Ein gute Wehr und Waffen! ...

Ende.